그림의 종착지는 집입니다 · 하우스갤러리 이야기

일러두기
- 그림책이나 단행본 제목은 『 』, 단편 개별 제목은 「 」,
  전시회명은 《 》, 그림, 영화, 기사 등의 제목은 〈 〉로 표시했다.

그림의 종착지는 집입니다 • 하우스갤러리 이야기

나와
잘 지내는
시간 06

강언덕

구름의시간

들어서며

삶으로 들어온 예술

"앗, 여기가 정말 갤러리인가요?"

아파트 현관문이 열릴 때마다 마주하는 당황한 얼굴들. 그들의 눈에는 의심과 호기심이 동시에 깃들어 있다. 나는 내가 살고 있는 집에서 전시를 연다. 살고 있고, 전시를 한다. 절대 공존할 수 없을 것 같은 두 가지 모습이 한 공간에서 이어진다. 이곳은 '하우스갤러리2303'이라는 이름이 붙어 있다. 숫자는 처음 전시를 시작했던 아파트의 주소, 23층 3호에서 따왔다. '하우스갤러리2303'은 비밀스러운 공간이다. 네이버나 유튜브에서 검색되지 않고, 유일한 공식 홍보 채널인 인스타그램 어디에도 주소가 공개되어 있지 않다.

"서울의 한 아파트, 전철로 올 수 있고 주차도 가능해요. 관람을 원하시면 메시지를 보내주세요."

스파이가 지령을 전달하듯 주소가 적힌 메시지를 받은 이들에게만 방문이 허락된다. 이런 불친절한 전제에도 불구하고 6년 동안 1,700명이 넘는 관객들이 하우스갤러리를 찾아왔다.

집을 전시장으로 쓰게 된 데에는 이유가 있었다. 아이를 키우기 위해 경력이 단절된 데다 얼마 후 코로나 팬데믹까지 덮쳤다. 집을 떠날 수 없는 이유가 하나둘 늘어났고 결국 나는 거꾸로 집을 일터로 삼기로 했다. 하지만 단순히 제한된 공간과 시간의 문제 때문만은 아니었다. 그림을 집에 들이고 나서야, 나는 비로소 깨달았다. 그림의 마지막 목적지가 미술관이나 갤러리가 아니라 집이라는 것을. 그 생각을 펼치려니 집을 전시장으로 쓰는 것이 당연해졌다. 그렇게 열 번이 넘는 '하우스갤러리2303'의 전시를 통해 예술은 결국 우리의 일상,

우리의 삶으로 들어와야 한다는 이야기를 지속했다.

하우스갤러리에서 많은 사람을 만났다. 그중 가장 인상적인 사람들은 바로 나와 닮은, 비슷한 연배의 여성 관객들이었다. "나는 누구인가, 나는 무엇을 좋아하는가, 나는 어떻게 살아야 하는가." 서로 비슷한 고민을 안고 있는 우리는 그림이라는 공통의 화제를 놓고, 함께 울고 웃었다. 그리고 그들은 하나같이 진심으로 하우스갤러리를 응원해 주었다.

이 책은 '하우스갤러리2303'이 만들어지게 된 이야기이자, 이곳에서 만난 수많은 작가와 그림, 사람에 관한 이야기이다. 그 과정에서 수많은 그림이 최종 종착지인 자신의 집을 찾아 떠나갔다. 삶과 예술의 경계에서, 그림과 사람들로부터 받은 응원을 통해 사라지지 않고 버텨낸 하우스갤러리 이야기가 누군가에게 다시 다정한 응원과 위로가 되기를 바란다.

목차

들어서며 | 삶으로 들어온 예술   5

I 집으로 온 그림

내 선물은 샤넬 말고	14
씨앗, 이 모든 것의 시작	21
어쩌다가 집에서	27
젠가	33
내 손안의 작은 미술관	40
보라, 이 부엌의 신God을	44
어쩌면 진짜일지도 몰라	52
부엌의 그림 한 점	58
상처 난 그림	63

II 집으로 간 그림

아버지와 빈 포도 가지	72
널 기다렸어	80
캔버스 위 건축가	87
서걱이며 걷는 밤	93
여기서부터 여름	100
사랑보단 느린 날	108

지각되지 않는 것 114
작고 소중한, 그래서 내 곁을 지켜줄 120
옅어지고 사라지는 것 129
관객 기록 1 134
관객 기록 2 140
관객 기록 3 146

Ⅲ 그림과 집 그 사이

경계에서 경계로, 헤르메스처럼 152
심플한 삶이 아름다운 이유 157
그림과 함께 커피 한 잔 162
그림 친구들과 도장깨기 168
안목을 가지려면 174
그림과 아이의 공통점 179
시나브로, 하우스갤러리 경주 184
새 운동화 189

나가며 | 예술로 들어간 삶 210

I 집으로 온 그림

내 선물은 샤넬 말고

2009년, 나는 결혼하고 3년 만에 힘들게 아이를 가졌다. 그 과정은 순탄치 않았고 큰 고통이었다. 시험관 시술을 준비하던 차에 믿기지 않게 아이가 생겼다. 아이 태명은 '삼백이'였는데, (영화 <300>처럼 건강한 아이로 자라라는 의미도 있었지만) 시험관 시술을 하려고 모아둔 삼백만 원을 아끼고 태어나 장난삼아 '삼백이'라고 부르다 정감 있는 어감이 좋아 그대로 태명으로 굳어졌다. 어느 날, 남편은 아이에게 받는 선물인 셈이니 기념이 될 만한 것을 마련하라고 했다. 인생 플렉스가 필요하다면 바로 이런 때이다. 이렇게 기쁜 인생의 순간은 어떻게든 기념해야 한다.

"여자들의 로망이 샤넬 가방이라던데 당신만 없는 것 같아. 마침 샤넬 가방 가격도 삼백만 원이니 삼백이 출산 기념으로 딱이네."

매우 오랫동안 샤넬은 사회적으로 만들어진 욕망의 정점, '위시'이자 '잇템'의 상징이었다. 15년 전인 당시에도 마찬가지였다. 샤넬을 사주겠다는 남편의 표정이 상기되어 있었다. 그런데 나는 심드렁했다. 아니 이렇게 기념비적인 순간을 샤넬이 뭐라고, 겨우 그걸로 축하한단 말인가.

"음… 정말 고마운데, 나는 샤넬엔 관심이 없어. 뭔가 더 특별한 의미가 있는 게 없을까? 정말 내가 가지고 싶은 걸 사도 된다면, 나 그림 사도 돼?"

남편의 눈이 커졌다. 예상치 못한 '그림'이라는 단어에 그는 당혹스러움과 떨떠름한 표정을 감추지 못했지만 원하는 대로 하라고 했다. 그럼 어디서 사야 할까? 그림은 슈퍼나 마트에서 쇼핑하듯 친숙하게 살 수 있는 대상이 아니다. 1차 시장인 갤러리나 아트페어, 2차 시장인 옥션에서 살 수 있다는 이론은 알지만, 실행은 나도 어려웠다.

마침 내가 일하고 있던 한국문화예술위원회에서 예술인 복지기금 마련을 위해 자선경매(2009 예술인 사랑나눔 자선경매)가 열렸다. 사업의 담당자였던 임주연 선배(현 예술위원회 경영전략본부장)는 프로젝트가 호응 없이 끝날까 봐 걱정하고 있었다. 미술품 옥션에 대한 대중적 인식이 매우 낮았고, 글로벌 금융 위기로 경제는 나락이었던 시기였다. 내 마음을 읽고 있었던 것처럼 선배가 이야기했다.

"언덕 씨는 그림을 좋아하잖아. 경매에 참여해 봐."

그렇게 나는 옥션 전시장으로 가 뒤뚱뒤뚱 그림 사이를 돌아다녔다. 백남준과 박서보, 이우환과 김창열을 지나, 매니큐어처럼 요란하게 반짝이는 구사마 야요이 Kusama Yayoi의 〈과일 바구니 2〉 그림 앞에 섰는데, 갑자기 그림이 내 눈에 쏙 들어왔다. 평소의 나라면 좋아하는 그림 스타일이 아니었는데 그날은 이상하게 내 마음을 잡아끌었다. 기다리던 아이가 생겨 세상을 다 얻은 것만 같은 나의 마음을 그대로 비추고 있는 듯, 화사하게 그림이 빛나 보였다. 게다가 먹음직스러운 과일이 가득 담긴 그림이라니, 입에 침이 고였다. 뱃속에 있는 삼백이가 "엄마, 저거예요." 하며 발을 차대는 것 같았다. 그림값이 치솟기 전이었지만 당시에도 구사마 야요이의 원화는 언감생심 꿈꿀 수 있는 가격은 아니었다. 하지만 판화라면 가질 수도 있겠다 싶었다.

'옳지, 내 너로 찜했다!'

경매가 열리는 날, 강남 케이옥션 사옥의 경매장에 번호표 패들을 받고 자리에 앉았다. 사실 경매 자체가 처음이라 매우 낯설었기 때문에 꿔다 놓은 보릿자루처럼 앉아 있었다. 그러다 경매가 시작되니 다른 세상이 펼쳐졌다. 팽팽한 긴장감 속에서 거침없이 일사불란하게 경매가 진행되었다. 화려한 언변의 경매사는 좌중을 휘어잡고 몰아붙이며 경매에 불을 붙였다. 내가 점찍어 둔 구사마 야요이의 그림 차례가 되었다. 150만 원에서 시작된 경매 시작가는 금세 160, 170… 200…

250… 경합이 붙으며, 마구 호가가 올라갔다.

자칫 과열된 분위기에 휩쓸리면 이성을 잃고 폭주하다 한껏 한도를 초과하게 되고, 잠시 멈칫했다간 순간 비딩bidding에서 낙오되어 구경꾼이 되고 만다. 이성과 광기 사이를 오가며 수중의 삼백만 원을 되뇌면서 다른 응찰자에게 뺏기지 않으려 두 눈을 부릅뜨고 열심히 패들을 들어 올렸다. 심장이 요동쳤다.

"더 안 계십니까? 구사마 야요이 〈과일 바구니 2〉, 삼백만 원! 삼백만 원! 삼백만 원! 348번 낙찰입니다! 축하드립니다."

경매 금액 세 번을 호가하고 경매봉을 두드리면 낙찰이다. 정신을 차려보니 내 패들 번호가 348번이었다. 정확히 삼백만 원에서 가열한 비딩이 끝났다. 거센 폭풍이 휘몰아친 것 같았는데 시간은 불과 몇 분도 걸리지 않았다. 고기도 먹어본 놈이 잘 먹는다더니, 전장에서 승리했지만 막상 전리품을 손에 넣으니 겁이 났다. 이렇게 큰돈을 순식간에 그림 사는 데 써버리다니 과

연 내가 무슨 일을 저질렀단 말인가! 볼록한 배를 붙잡고 옥션장에서 갈지之자로 걸어 나왔다. 서늘한 밤공기에 '현타'가 왔다. 내 입에서 절로 '낙장불입, 낙장불입'이 염불처럼 튀어나왔다. 경매에서 낙찰을 철회하려면 30%의 위약금을 물어야만 한다. 만삭에 가까워지고 있었지만 집으로 가는 길, 나는 차마 택시를 타지 못하고 지하철역을 찾아 들어갔다. 경매에서 그림을 낙찰 받았다고 했더니, 남편의 입도 떡 벌어졌다. 나는 초췌하게 웃으며 낙장불입이라고 덧붙였다. 그렇게 그림이 우리 집에 왔다.

구사마 야요이(b.1929)는 무한히 반복되는 물방울dot 그림으로 널리 알려져 있다. 어린 시절부터 구사마는 강박증을 앓았는데, 그 증세는 어떤 한 가지가 머릿속에 떠오르면 끝도 없이 펼쳐지며 질식할 만큼 그녀를 장악해 버리는 것이었다. 공포 속에서 작가는 미친 듯 점을 찍으며, 무한한 점 중에 자신을 점 하나로 존재하게 함으로써 비로소 숨을 쉴 수 있게 된다고 한다. 강박증이 그대로 작업으로 연결되어 독특한 예술 세계를 창조한 셈이다. 강렬하게 각인되는 이미지로 구사마의 인기는 날로 커졌고, 현존하는 가장 유명한 작가이자 가장 값비싼 작품가의 작가 중 한 명으로 자리매김했다. 내가 산 이 작품은 1999년에 제작된 〈과일 바구니 2〉로, 60점을 찍어낸 판화 중 하나이다. 구사마 야요이의 아이콘은 노란 호박이긴 하지만, 오히려 조금은 희소한 소재이며 삼원색의 강렬한 대비로 신비로운 환영을 창조한다.

작가의 강박이 만들어낸 환영의 이미지는 나에게 와서 내 인생의 가장 행복한 순간, 무한히 반짝이던 나의 마음을 비춰주는 그림이 되었다. 그림 앞에서 나는 늘 선물처럼 다가온 아이를 가졌을 때의 감사한 마음이 화수분처럼 차오른다.
첫 번째 생일을 맞이한 아이를 안고 있는 우리 가족의 뒷배경에, 가족 식사를 하고 있는 테이블 너머로, 처음 교복을 입고 등교하는 아이의 흔들린 사진 속에서. 우리 가족의 가장 빛나는 한 페이지를 장식하며, 이렇게 이 그림은 우리 집에 온 이후로 아이가 자라나는 모든 순간의 배경에 함께 자리했던 우리 가족의 첫 번째 컬렉션이 되었다.

씨앗, 이 모든 것의 시작

2019년 봄, 아이 방 장난감 더미를 정리하다가 한숨을 쉬었다. 이 작은 아이가 많아도 너무 많은 물질에 둘러싸여 있구나. 곧 열 살이 되는 아이 생일 선물로 또 무언가를 얹어야 한다면, 레고 말고, 게임기 말고, 뭔가 다른 걸 준비해 보자! 열 번째 생일이니 뭔가 더 특별한 의미가 있는 게 없을까? 모든 것이 넘치게 풍족해진 세상이다. 요즘의 아이들이란 좀처럼 선물에 설레지 않는다. '라떼'는 책이나 학용품, 옷, 심지어 양말까지 선물을 가장한 생필품마저도 설레는 선물이었는데 말이다. 아이를 설레게 하지 못한다면 나라도 설레게 해볼까? 그러다 갑자기 그림을 사주어야겠다는 생각이 들었다. 십 년 전에 구사마 야요이의 판화를 샀으니, 해마다는 아니어도 십 년 주기로 그림 선물은 해볼 만하지 않겠는가. 나는 멋진 생각을 해낸 나 자신을 칭찬했다.

예산이 넉넉할 리 없었다. 젊은 작가의 그림을 골라야 했다. 인스타그램에서 유심히 보고 있던 임효영Myo Yim 작가에게 DM을 보내 그림을 사고 싶은데 가능한지 문의했다. 작가는 흔쾌히 그렇다고 답했다. 그런데 문제가 있었다. 그림은 실제로 봐야 진가를 알 수 있는 법, 직접 보고 작품을 고르고 싶었는데 작가는 저 멀리 호주에 살고 있다고 했다. 어쩔 수 없이 1. 왜 그림을 사려고 하는지, 2. 누구를 위한 그림인지, 3. 어떤 공간에 걸 계획인지, 4. 예산이 얼마인지를 이야기하고 작가에게 후보를 추천받고 그림 파일을 받았다. 후보작 파일들을 놓고 가족회의를 열었고 우리는 만장일치로 한 점의 그림을 골랐다. 선장 아저씨의 기묘한 수염을 그린 임효영의 〈Weird Beard〉 작품은 그렇게 바다를 건너 우리 집으로 왔다.

임효영(b.1981)은 홍익대에서 시각디자인을 전공했고,

호주 멀럼빔비Mullumbimby라는 작은 바닷가 마을에서 두 아이를 키우며 그림책 작가로 활동하고 있다. 그림 속에는 선장 아저씨의 머리카락과 수염이 파도처럼 휘날리고 있는데, 삶의 여정 속 다양한 이야기가 머리카락과 수염에 가득 숨겨져 있다. 커다란 배와 기차, 보물상자, 물고기, 숲, 호랑이, 무덤, 새, 별 등등. 숨어 있는 그림을 찾다 보면 절로 이야기가 확장되고 상상의 폭도 늘어난다. 수염이 어찌나 긴지 한 장의 종이에 이야기를 펼치기 어려워 종이 두 장을 이어 그려 가로로 긴 그림이 되었다. 이렇게 두 장이 한 세트가 된 그림을 딥티크diptyque라고 부르는데, 2단 접이 화판을 뜻한다.

이 그림의 또 다른 특징은 종이에 연필그림이라는 점이다. 원래 임효영 작가의 주된 작업은 모션 그래픽motion graphic, 즉 영상이었으나 연필을 집게 된 건 아주 현실적인 이유였다. 엄마가 되었기 때문이었다. 어린아이들을 키우느라 충분한 작업 시간을 확보하기 어렵다 보니 부엌 식탁에 앉아 조각조각 시간을 써야 했고, 심플한 연필이 최고의 미디어가 되었다. 그렇게 컴퓨터 마우스 대신 연필을 잡게 된 작가는 곧 연필의 매력에 푹 빠지게 되었다. 종이와 연필만으로도 어린 시절엔 우리 모두 누구나 작가였다. 소박한 흑백 연필이 주는 담백한 느낌은 향수에 가까워, 이미지 과잉의 시대에서 오히려 편안한 안식처의 느낌을 준다. 게다가 팔레트 속 다양한 색들보다 오히려 더 많은 색과 톤, 질감을 표현해 내는 무한한 연필 선의 감성이야말로 임효영 작가의 큰 장점이다.

내가 이 그림을 선택하게 된 이유는 아이의 성향 때문이었다. 아이의 성정을 표현하는 데 고양이와 강아지 중 비유하자면 우리 아이는 고양잇과에 속한다. 신중하고 생각이 깊지만, 활동적이라기보다는 모험에 주저함이 있는 편이었다. 나는 아이가 앞으로 펼쳐질 날들을 두려워하지 말고 선장 아저씨처럼 진취적이고 용감하게 자라나길 바랐다. 엄마의 바람을 슬쩍 그림에 담아 책상 위 아이 눈높이에 그림을 걸어 주었다. 아이의 책상에는 그림과 스탠드 불빛만이 자리한다. 아무것도 하지 않아도 되고 그 무엇도 할 수 있는 비어 있는 공간, 그저 앉아서 사색하고, 꿈꾸고, 그러다 어쩌다 공부도 한다면 땡큐.

어떻게 아이를 키워야 할지 나 역시 끊임없이 불안하고 걱정스럽다. 이 그림이 있는 아이의 방은, 이래도 되나 흔들리는 내 마음을 다잡기 위한 시각적 장치가 되기도 한다. 엄마의 욕심을 아이에게 투영하지 않을 것, 다그치지 않고 아이의 선택을 지지해 줄 것.

이 그림이 집에 오고 나서 나는 임효영이라는 작가에게 더욱 깊이 빠지게 되었다. 그리고 놀라운 일이 벌어지기 시작했다. 집에 놀러 온 지인, 아이의 친구, 아이 친구의 엄마들이 이 그림을 보고, 임효영 작가를 궁금해 하고 자신들의 집에도 그림을 놓고 싶다고 하기 시작했다. 작가가 서울에서 전시를 하거나 한국에 작업실이 있는 것도 아니었기 때문에, 나는 작가와 구매자 사이에서 다리를 놓게 되었다. 구매자의 상황이나 원하는 지점을 작가에게 전달하고 그에 맞춰 그림을 제시해 선택을 도왔다. 국제우편으로 종이 그림이 한국에 도착하면 충무로와 청담동의 액자 가게로 달려가 액자 옷을 해 입히고 구매자에게 전달하며 그림 이야기로 꽃을 피웠다. 그 일은 정말이지 너무나 즐거웠다. 그림들은 마치 운명 속 자신의 주인을 만난 듯, 자기 집을 찾아가기 시작했다. 길지 않은 시간 동안 무려 임효영 작가의 그림 다섯 점이 자신의 집을 찾았다.

그 시간들을 보내며 중요한 깨달음을 얻었다. 그림이 걸려 있어야 하는 곳은 미술관이나 갤러리가 아니라 사람들의 삶 속, 삶의 맥락에 놓여 있어야 한다는 것을. 그렇게 그림의 최종 종착지는 미술관이 아니라 결국 집이라는 것을 말이다. 이 그림은 이렇게 '하우스갤러리 2303'의 씨앗이 되었다.

어쩌다가 집에서

하우스갤러리에 관한 첫 번째 질문은 '어쩌다 집에서 전시를 하게 되었나' 하는 것이다.

집을 전시 장소로 삼게 된 첫 번째 이유는 경력 단절 여성으로서 내가 머물러야 하는 장소가 집이었기 때문이다. 육아를 위해 회사를 그만두었기 때문에 기존의 출퇴근의 방식을 벗어난 일이 필요했다. 때마침 코로나 팬데믹이 시작되며 더더욱 집을 떠날 수 없게 되었고, 우리의 삶은 무섭게 변하기 시작했다. 등교를 할 수 없는 아이를 가정에서 보육하면서 나도 집에 갇혔다. 답답하고 힘든 시기였지만 임효영의 〈Weird Beard〉

가 집에 오고 난 후였으므로, 나는 그림이 있는 나의 일상에서 많은 위안을 받고 있었다. 곰곰이 집의 의미를 생각했다. 코로나로 사람들이 집에 머무는 시간이 늘면서 집은 일터, 학교, 헬스장, 카페, 파티장 그 무엇이 되어도 전혀 이상하지 않았다. 반면 극장과 공연장, 박물관, 미술관, 문화센터 등 고유 목적의 수많은 문화 기반 시설은 문을 닫기 시작했다. 코로나로 주변 예술가 지인들의 활동이 크게 위축되는 것이 안타까웠다.

집콕으로 지루함이 극에 달한 사람들이 수백 번 믹스커피를 저어 크림커피를 만들던 시절, 임효영 작가의 그림을 문의하는 주변 지인들 덕에 나는 하루가 멀다 하고 호주에 있는 작가에게 연락을 했다. 자연스레 그녀의 삶을 들여다보게 되었고 작품을 이해하는 폭은 커졌다. 작가가 얼마나 치열하게 그림을 그리고 있는지, 그렇게 그려진 수많은 그림이 얼마나 많이 작가의 책상 서랍에 쌓여 있는지도 알게 되었다. 너무 자주 작가에게 연락하다 보니 작업을 방해하는 건 아닌지 걱정이 될 정도였다. 이럴 바에야, 작가의 그림 뭉치가 들어 있는 서랍이 우리 집에 와 있으면 좋겠다는 생각이 들었다. 농담처럼 그림 서랍을 서울로 보내라고 이야기했다. Why not? 그래, 그림들이 우리 집으로 와야겠는걸? 그럼 기왕, 집에서 전시를 하면 어떨까?

생각해 보니 집은 정말 좋은 전시장이 될 수 있을 것만 같았다. 미술관과 갤러리는 범접하기 어려운 또 다른 세상처럼 느껴진다. 그것은 상업갤러리와 공공미술관에서 일해본 적이 있는 나도 간혹 느꼈던 지점이다.

사실 우리에게 친숙한 지금의 미술관의 역사는 그리 오래되지 않았다. 미술관에 가면 천 년이 넘은 그림도 있고 이천 년이 넘은 조각도 있지만, 미술관의 역사는 불과 이백 년이 조금 넘을 뿐이다. 근대적 의미의 최초의 미술관은 1793년의 루브르뮤지엄•이다. 생각해 보라, 그림이 처음 걸려 있던 공간은 어디인가? 정치와 종교 권력자의 거처나 집무실, 결국 누군가의 집이었을 것이다. 그 누군가가 0.001%의 사람이긴 하지만.

• 프랑스혁명 중 국왕의 미술 컬렉션이 국유화되면서 1793년 루브르궁전은 루브르뮤지엄으로 바뀌었고 공공에 개방되었다.

학생이었을 때의 나는 작가의 그림이 꿈꿀 수 있는 최종 목적지는 국립현대미술관의 수장고이며, 미술사의 한 장에 편입되는 것이라고 생각했는데, 다양한 경험을 하고 나이를 먹어가며 생각이 바뀌었다. 그림이 걸리는 궁극의 목적지는 미술관이 아니라 결국 집이라고. 그 집은 0.1%의 특권층, 상류층이 아니라, 평범한 중산층까지 확대되어야 한다는 것이 내가 도달한 결론이었다. 그림의 종착지가 집이라는 생각을 구현하려니, 집을 전시 장소로 쓰는 것은 너무나 당연한 것이 되었다.

나는 그림이 있는 공간에 거주하면서, 즉 나의 일상 곳곳에 자리한 그림이 미술관이나 갤러리의 그림보다 훨씬 친밀하고 가깝게 느껴진다. 묘하게 집에서 보는 그림은 어떤 마력이 있었다.

먼저 작가에게 거친 아이디어를 쏟아냈다. 작가의 작업실에 그림이 묵혀 있는 것보단, 서울의 우리 집에서라도 전시를 해보자는 게 요지였다. 세상에, 사람이 사는 아파트에서 하는 전시라니 웃기지만 새로운 시도가 아닌가. 어차피 코로나로 기존의 전시장들이 문을 닫아 작가는 전시할 장소가 없고, 관객은 그림을 보러 갈 곳이 없었다. 하루에 한 명씩, 석 달 동안 총 백 명 관객을 모아보겠다고 했다. 전시의 목적은 그림을 판매하는 것이 아니라, 대부분의 전시가 그렇듯이 즐겁게 작가를 소개하고 작품을 잘 보여주겠다는 것을 의미 삼겠다고 했다. 집을 전시장으로 쓰니 공간 임대료도 인건비도 들지 않으니 뭐 하나 밑질 게 없는 기획 아닌가!

이제 와 생각하니 임효영 작가에게 새삼 고마운 마음이 든다. 이런 엉터리 제안을 그녀는 재미있어했다.

그다음 산을 넘어야 했다. 작가만큼이나 무엇보다 가족들의 동의와 지지가 필요했다. 조심스레 남편에게 호주에 있는 임효영 작가의 그림을 우리 집에서 전시하고 싶다고 했다. 집을 전시장으로 쓰고, 낯선 이들이 집을 방문한다는 이야기에 남편의 첫마디는 "당신 미쳤어? 제정신이야?"였다. 말도 안 된다는 남편의 반대에 나는 매우 구체적이고 일관되고 끈기 있게 전시의 콘셉트와 의도를 이야기했다. 나의 '똘끼'와 고집을 남편은 알고 있었다. 내 눈에서 조용한 광기를 읽고 마침내 그는 굴복했다. 첫 취업보다 어려운 재취업의 경력 단절을 그도 안타까워하고 있었다.

"그렇게 해보고 싶으면 '한번' 해보든가…."

훗날 남편은 당시의 속마음을 이야기했다. 첫 번째 전시이자 마지막 전시가 될 것이라고. 두 번째 전시 계획을, 세 번째 전시 계획을, 그러다 열 번째 전시 계획을 얘기할 때마다 남편은 소스라치게 놀라며 똑같은 말을 내뱉었다.
"또, 전시를 한다고?"

그렇게 2020년 6월, '하우스갤러리2303'의 개관전이 열렸다. 구상에서 실현까지 약 3개월이 걸렸다. 임효영 작가의 그림책 원화 전시 《밤의 숲에서》였다. 작가는 생애 첫 개인전을, 안 하느니만 못할지도 모를 집 전시장으로, 무려 그림책 원화 42장과 초고 원고, 스케치 더미들을 바다 건너로 보내주었다.

젠가

회사를 그만두고 비정기적인 N잡러로 가리지 않고 다양한 일을 했다. 객원 연구원으로 일하기도 했고 때로 글을 쓰거나 프로그램을 맡기도 했다. 사회적인 명함이 없어진 나에게 이런저런 아르바이트라도 일할 거리가 들어오면 감사한 마음이 들었다. 그렇지만 수입은 일정치 않았고 크지도 않았다.

하우스갤러리의 첫 전시를 준비하며 계산기를 두드렸다. 임대료와 인건비 항목이 0인데도 불구하고 아무리 최소로 쓸 돈을 줄여도 백만 원은 필요했다. 전시를 하는데 백만 원이라니, 전에 일하던 미술관 전시 예산의

1%였다. 턱없이 적은 돈인 동시에, 사회적 자아의 크기가 1/100로 줄어든 나에게는 그저 큰돈이기도 했다.

돌이켜보면 무슨 배짱이었나 싶기도 하지만 예술위원회나 문화재단 등의 공공 지원금은 가급적 받지 않겠다는 원칙을 스스로 세웠다. 예술위원회에서 일하던 내가 예술위원회 지원금을 신청하는 것이 과연 맞는가 하는 의문이 들었고, 한정된 지원금을 두고 예술가들과 경쟁하고 싶지 않았기 때문이다. 그리고 지원금에 목을 매면, 결국 일의 지속성과 일관성을 유지할 수 없다.

고흐가 된 나는 어쩔 수 없이, 내 주위에 고흐의 물감을 사 날랐던 동생 테오의 역을 맡을 사람이 누구인가 살펴보았다. 역시 남편밖에 없었다. 나는 하우스갤러리의 무대에서 그를 테오로 캐스팅했다. 파리와 서울의 월급쟁이라니 이거 참 캐릭터도 일치하지 않는가. 동시에 속으로 굳게 다짐했다. 첫 번째 전시의 씨드머니이니 백만 원을 지원받는 것이라고, 앞으로 나 스스로 지속할 수 없는 전시라면 더 이상 하지 않겠노라고. 그러고는 이 '백만 원짜리 전시'를 나 스스로 '적정 전시'라고 생각하기로 했다. 기왕 시작한 일이니 비장해지지도 우울해하지도 말고, 무모한 새로운 프로젝트일지라도 내 식대로 디자인하기로 했다.

예술가의 삶, 예술생태계의 작동에서 내가 가장 관심을 가지는 주제는 지속 가능성이다. 나는 일찍 철이 들 수밖에 없었다. 대학을 졸업하고 첫 번째 직장이었던 인사동의 화랑에서 자주 월급이 밀렸다. 마지막 달의 급여는 결국 받지 못했다. 갤러리 사장은 미안하다며 창고에서 그림이라도 하나 가져가라고 했지만, 마음이 여렸던 스물넷의 나는 그러지도 못했다. (지금의 나는, 조각을 한 점 들고나올걸 하고 아직도 이불킥을 한다.) 내 삶도 어려웠지만 갤러리의 어려움도 나는 너무 잘 알고 있었다. 그때도 지금도 한 해 수많은 화랑이 문을 닫고 문을 연다. 양극화가 심해져 가는 이 자본주의 사회에서는 간판집이 제일 좋겠다 싶었다.

서른 후반, 조직에서 떨어져 나온 후로 가장 큰 불안감은 '어떻게 내가 지속 가능한 방식으로 살 수 있는지'였다. 전시 하나를 시작하며 다시 그 문제를 대면했고 나는 우주의 고민을 끌어안았다. '지속 가능한 하우스갤러리'를 위해 나는 젠가 게임을 하는 것 같은 기분이 들었다. 반드시 없어도 되는 것들을 제거하고, 꼭 필요한 뼈대만을 남기는 것. 나는 계속 의문하며 형식 따위는 과감히 털어내고, 내가 집중해야 할 본질이 무엇인가 고민했다. 전시에서 가장 중요한 것은 결국 그림이므로 어떤 작가를 선택할까, 어떻게 전달할까에 대한 고민에 집중하기로 했다. 작가와 그림 세계를 이해하는 것, 쉬운 말과 글로 전달하는 것이 나의 마지막 젠가 조각이었다. 대표에서 청소부까지 나는 하갤에서 일인다역을 맡고 있었는데 그럼에도 나 혼자만의 고민으로 해결할 수 없는 일도 많았다.

하갤을 준비하던 당시 몇몇 지인들에게 하갤에 대한 내 구상을 이야기했다. 그중 하나가 예술학과 산업디자인을 복수전공한 후배 지은이었다. 지은은 미술을 좋아해 전공을 택했지만 곧 직관으로 이루어지는 예술의 모호함, 이를테면 이해할 수 없는 예술시장의 작동 방식 등에 의문이 생겼다고 했다. 결혼 후 미국으로 MBA를 떠났던 그녀는 현재 텍사스의 글로벌 반도체 회사에서 빅데이터를 분석하는 일을 하고 있다.

코로나 이전은 물리적 만남이 주였다면 팬데믹 이후는 장소를 초월한 인간관계가 진전된 시기였다. 지은이 미국에 살고 있어 우리는 무려 20여 년 가까이 만나지 못했지만 코로나가 오히려 기회가 되었다. 진정으로 만나고 싶은 사람을 어떻게든 만나게 되는 시기이기도 했기 때문이다. 우리는 자주 카톡과 줌으로 일상과 고민을 공유하며 울고 웃었다. 곧 호주의 임효영 작가까지 가세해 우리는 '삼대륙'이라는 이름으로 자주 온라인 회동을 했다. 서울은 저녁 8시, 호주 멀럼빔비는 저녁 10시, 텍사스는 아침 7시, 혹은 정반대의 시간대가 우리의 접점이었다. 이 '삼대륙'에서 집 전시의 여러 뼈대가 만들어졌다. 내가 돈키호테처럼 신이 나서 '아무 말 대잔치'를 하면 작가로서 허심탄회하게 임효영의 이야기가 더해지고, 명석한 좌뇌형의 지은은 항상 실현 가능한 대안과 해결 방법을 제시했다. 그녀는 미국 정유회사의 기획 파트에서 일했던 경험을 예술의 영역에 적용해, 작품 가격이 어떻게 형성되어야 하는지 작가와 매개자, 소장자를 둘러싼 그 모든 변수를 고려한 비밀의 엑셀 파일 같은 것 등을 만들어냈다. 우리의 수많은 이야기가 이렇게 엑셀 표 한 장으로 체계적으로 아름답게 정리될 수 있다는 것에 감탄했다.

어느 날엔가, 지은이 '하우스갤러리2303'의 로고는 정했느냐고 물었다. 다시 말하지만 집 전시를 위한 나의 예산은 백만 원이었다. 로고는 필요하지만, 로고를 만들 돈은 없어서 거기까진 생각하고 있지 않다고 답했다. 삼성에서 브랜드마케팅을 했던 지은은 로고는 반드시 있어야 한다며 한숨을 쉬었다. 그러더니 내가 생각하는 하갤의 이미지를 세 가지 단어로 알려달라고 했다. 나는 '편안함', '친근함' 등을 이야기했다. 한국 시각 자정이 되어서야 대화를 마치고 자고 일어났더니, 그녀에게서 메일이 와 있었다. 하갤의 국·영문 로고의 다양한 변형이 들어 있는 시안이었다. '하우스갤러리2303'의 로고는 그렇게 하룻밤 사이에 탄생했다.

아무도 가능하리라 생각하지 못한 집 전시에 대한 구상은 이렇게 작은 로고 하나로 단단하고 아름답게 집약되었다. 하갤의 숨은 조력자 지은의 도움이 없었다면 지금의 하갤도 없었을 것이다. 지은을 비롯한 수많은 지인의 도움이 쌓여, 하갤은 여전히 무너지지 않고 젠가 게임을 하고 있다.

내 손안의 작은 미술관

나는 아이 덕분에 그림책의 세계에 눈을 떴다. 회사를 그만둔 이유 중 하나가, 초등학교 입학을 앞둔 아이에게 '책을 사주는 엄마'가 아니라 '책을 읽어주는 엄마'가 되고 싶었기 때문이었다. 그러나 아무리 노력해도 퇴근하고 집으로 돌아와 아이에게 책을 읽어줄 에너지가 없었다. 책을 읽어주다가 졸면서 헛소리를 쏟아내고 그러다 고개를 박고 잠드는 엄마가 아이는 얼마나 답답했을까? 퇴사 후에는 날마다 도서관에 가 책을 빌렸다. 운 좋게도 집 근처 어린이도서관이 개관한 직후라 책등에 각이 딱딱 잡힌 수많은 새 책을 열어보는 행운을 누렸다.

그림책의 세계는 신세계에 가까웠다. 80년대에 유년기를 보낸 '라떼'는 어린이를 위한 책이 그렇게 많지 않았다. 많은 이들이 그림책과 동화책을 혼동하는데, 그도 그럴 것이 제대로 된 그림책을 경험해 보지 못했기 때문이다. 동화책이 어린이를 위한 '이야기' 문학이라면 그림책은 그림과 글이 유기적으로 연결된, 즉 문학과 미술이 융합된 한 덩어리의 예술이다. 안데르센 동화는 글 자체가 중심이지만, 백희나의 『알사탕』은 글과 그림을 분리할 수 없는 것이다. 어린아이에게 그림책 교육이 중요한 이유는 글자 교육(읽는 책)에 치우치지 않고 시각적 자극과 함께 여러 감각을 동시에 깨우칠 수 있기 때문(보는 책)이다.

하갤에서 아이들(6세에서 15세까지)과 함께 그림책을 읽는 워크숍을 진행한 적이 있는데 대부분 아이가 글로 책을 본다는 것을 깨닫고 크게 놀랐다. 슬로리딩을 내건 시간이었지만 문자 위주의 교육에 길들여져 그림을 깊이 있게 보지 못하고 책장을 넘기기 바쁜 모습이었다. 읽는 것과 보는 것은 다른 영역이기 때문에 글을 깨치기 전 어린아이들의 그림책 교육은 매우 중요하다.

만약 그걸 조금 더 일찍 깨달았더라면, 내 아이에게 책을 읽어주지 않고 보여주려고 더 노력했을 텐데 안타까운 일이다. 그림책이야말로 내 손안의 작은 미술관인 것을!

엄마가 아니었다면 아이 책으로 치부하고 절대 열어볼 생각을 하지 못했을 그림책의 세계가 그렇게 나에게 펼쳐졌다. 하우스갤러리의 첫 전시가 그림책 원화 전시였던 점도 그림책에 대한 나의 애정에 기반한다. 임효영 작가의 그림책 토크를 '갤러리 처음', '사춘기 책방'과 함께 진행한 인연으로 2023년 2월, 홍대에 있는 로컬서점 '사춘기 책방'을 찾게 되었다. '사춘기 책방'은 작지만 내공이 대단한 곳이라 꼭 한번 찾아가리라 마음먹었는데 때마침 궁금함이 일었던 윤강미 작가의 그림책 원화 전시가 열리고 있었다. 나는 윤강미 작가의 『미나의 작은 새』 그림책의 원화들을 천천히 살펴보고 그림책도 구매했다.

그러다 작가의 포트폴리오를 열어보았다. 매우 오래된 자료들도 상당했다. 살펴볼수록 작가에게 걷잡을 수 없는 호기심과 흥미를 느꼈다. 작가의 나이가 이제 60이 다 돼가는데 첫 번째 그림책이 나온 것은 50대 중반이라니! 노랗게 색 바랜 신문 스크랩 속엔 젊은 날 회화 작가로 활동했던 전시 소식이 담겨 있었다. 기사 속에 게재된 작가의 자화상 작품 한 점이 흑백사진임에도 불구하고 그대로 눈에 들어와 내리꽂혔다. 작가의 삶의 서사에서 기나긴 공백이 눈에 띄었고, 지금의 그림책이 있게 된 '원형의 그림'이 궁금해졌다. 이 작가를 만나야겠다는 생각이 강하게 들었다.

보라, 이 부엌의 신^{God}을

결국 빛바랜 신문 속 인물을 실존 인물로 만나게 되었다. DM을 보낼 때마침 전시 중인 하갤의 전시(7회 전시 《김정아-보푸라기전》)에 작가를 초청했다. 그리고 기나긴 작가와의 대화를 통해 그림책 이야기, 인생에 관한 이야기까지 나눌 수 있었다.

윤강미 작가는 1965년 경북 경산에서 태어나 영남대와 동 대학원 회화과를 거쳐 대구 화단에서 활동했다. 젊은 날의 작가는 내면의 풍경이 깃든 현대인의 일상적 삶의 모습과 중국 고대 신화 형상에 일상의 사물들을 병치시켜 새롭게 구성하는 등의 그림을 그렸다. 작가로서의 길은 확고하게 그의 가슴속에 자리 잡고 있었다. 소설가와 결혼한 이유가, 그러면 자신도 계속 작가로 살 수 있을 거라는 생각 때문이었다고 했다. 작가로서의 정체성을 지키기 위해 전투적인 기세로 육아와 작업, 생활형 경제활동을 병행했고, 삶과 예술의 파고 속에서도 작업을 지속할 수 있어 행복했다.

회화 작가였던 그가 그림책 작가로 전향한 이유는 아이를 키우며 접하게 된 그림책에 매력을 느꼈기 때문이었다. 회화는 한없이 펼쳐나가는 작업인 데 반해 그림책은 한 권으로 완결시켜야 한다는 점이 어렵기도 했지만, 한 권의 책으로 축약된 작가의 그림과 이야기가 '전시'의 방식보다 더 많은 이들에게 가닿을 수 있다는 책의 속성이 큰 매력이었다. 가족들을 돌보며 틈틈이 여러 워크숍에서 그림책을 공부하고 자신의 그림책을 준비했다. 그림책을 준비한 무려 14년간의 흔적이 여러 더미 북(그림책의 초고)과 수백 장의 그림으로 남았다.

작가가 첫 그림책 『나무가 자라는 빌딩』(창비, 2019)을 출간했을 때는 50대 중반의 나이에 이르러서였다. 긴 잠에서 깨어난 매미처럼 늦은 데뷔였으나 또 화려한 데뷔이기도 했다. 2018년 현대 어린이책미술관의 《제1회 언-프린티드 아이디어Un-printed Ideas》 전시에서 관람객 투표를 통해 선정되고 출간된 이 그림책은 이듬해 볼로냐 국제 아동도서전에서 '올해의 일러스트레이터'에 선정되는 영예를 안겼고 2024년엔 미국, 프랑스, 이탈리아, 대만, 터키, 브라질로 뻗어나갔다. 이후 출간한 『달빛 조각』(창비, 2021), 『미나의 작은 새』(길벗어린이, 2023)도 해외 출간과 해외 수상, 국내외 전시와 도서관 프로그램 등으로 독자들의 사랑을 듬뿍 받고 있다.

작가의 삶 자체가 나에겐 감동으로 다가왔다. 끝없이 방황하고 고민하며 하갤을 운영하고 있는 40대 중반의 나에게 한 발 더 내딛고 헤맬 용기를 주는 것만 같았기 때문이다. 어떻게 경력 단절을 극복했느냐는 나의 우문에 작가는 한 번도 단절된 삶을 산 적이 없다는 현답을 내놓았다. 그 이야기에 머리를 한 대 얻어맞은 기분이 들었다. 대화는 어느새 고민 상담으로 변했다. 어떻게 아이를 키워야 하느냐, 엄마인 나와 사회적 인간인 나 사이 어떻게 삶의 균형을 잡아야 하느냐 물었다.

작가는 아이만 바라보고 있지 말고 엄마의 삶을 살아야 한다고, 좋아하는 일에 한 발씩 다가가고 노력하는 모습을 보여주는 것이야말로 그 자체가 교육이라고 했다. 보통의 엄마들처럼 아이 공부에나 신경 쓸까, 이런 나의 일도 일이 될 수 있을까, 나는 아무것도 아닌 것 같다는 생각이 8할을 지배하고 있던 나에겐 어떤 빛줄기 같은 느낌이 들었다.

예술과 삶이 완벽히 조응하는 이런 작가라니! 이 작가의 삶 자체를 전시로 구현할 수 있다면 얼마나 좋을까! 그러나 작가는 책 작업에 집중하고 싶다며 전시를 고사했다. 겨우 삼고초려 끝에 10회 그룹 전시 《삶으로 들어간 예술》(2023. 12. 4.~2024. 1. 19.)에 이르러서야 섭외할 수 있었다. 섭외는 어려웠으나 전시가 결정된 후에는 윤강미 작가는 정말이지 열과 성을 다해 전시에 참여해 주었고, 언제나 기획자인 나를 배려하고 격려해 주어 큰 힘을 얻었다.

5인의 그룹전 중 윤강미 작가의 전시 방향은 "작가의 과거와 현재가 분리된 것이 아니라 이어지고 있다. 삶은 예술을 담고 있고 예술은 삶을 담고 있다"라는 메시지였다. 따라서 현재의 그림책 작업과 함께 빛바랜 신문 기사에서 보았던 30년 전 작가의 자화상, 그중에서도 나의 뇌리에 강렬하게 각인된 〈부엌의 신The God of Kitchen〉을 함께 담아야만 했다. 작가에게 그 작품들을 청했지만 예전의 회화 그림의 소재와 상태가 불분명하다고 했다. 몇 번의 이사를 하면서 수많은 그림을 모두 이고 지고 살 수 없어 일부는 대구에 있는 시댁과 친정에 맡기고, 또 일부는 직접 작품을 불태웠다고 했다. 후회되고 속상한 작가의 기억을 상기시켜야 하는 나 역시 안타깝고 속상했다. 이참에 대구에 가서 작품을 찾아보겠다고 한 작가에게서 다행히 기쁜 소식이 왔다. 그리고 시댁 창고에서 찾은 그림을 개봉한 사진을 보내왔는데, 나는 깜짝 놀라 소름이 돋았다. 너무나 오랜만에 세상의 빛을 보느라 마치 어제 그려진 것처럼 선명하게, '부엌의 신'이 나를 응시하고 있었다. 삶에 예술을 뺏기지도, 예술에 삶을 희생시키지도 않겠다는 결연한 눈빛의 30년 전 30세의 작가를 마주하게 된 것이다. 작가의 모습과 기개는 변함없이 그대로였다.

이 그림은 전시 기간 내내, 나뿐만 아니라 수많은 관객에게 감동과 공감을 이끌어냈다. 여러 에피소드가 생겨난 그림이기도 한데 그중 남편과의 일화를 하나 소개한다.

극적으로 대구에서 '발굴'된 이 그림은, 12월 전시를 한참 앞두고 10월 말 일찌감치 하갤에 도착했다. 나는 혹여라도 전시의 스포일러가 될까 봐 안방으로 들고 들어왔다. 다음 전시 준비를 위해 휑해진 벽에 이 그림을 척 걸었더니 작품의 아우라가 정말 장난이 아니었다. 나는 흐뭇하게 그림을 바라보았다. 다음 날 아침, 부스스한 모습으로 깬 남편이 이 그림을 꼭 여기 걸어야만 하느냐며, 자다 깨서 눈이 마주쳤는데 너무 무섭다고 했다. 매서운 눈초리, 칼을 든 부엌의 신이 '무언가 something'를 썰고 있으니 여러모로 섬뜩했나 보다.

"여보, 미안. 이 작품은 오픈 전까진 꼭 숨기고 싶어. 알다시피 작품 보관할 장소가 없잖아. 곧 작품에 익숙해질 거예요."

한 달이 지난 후, 12월 4일 전시 오픈을 앞두고 작품 배치를 시작했다. 윤강미 작가의 작품은 너무나 명쾌하고 명확하게 작품의 위치가 결정되었다. 이 작품은 맥락상 부엌 옆 공간에 걸리는 게 좋을 것 같았다. 게다가 전시장에 막 들어와서는 90도로 꺾인 숨겨진 벽이라 그림과 대면하는 순간에 극적인 긴장감을 줄 수 있을 것 같았다. 그런데 남편이 반대했다.

"안 돼! 거긴 너무 구석이잖아. 잘 안 보인다구. 이 작품은 안방 벽 중심에 떡하니 걸어서 집중할 수 있어야 할 것 같은데? 전시의 핵심 작품이란 말이야."

어느새 남편도 그 그림에 빠져 있었다.

"여보, 의견은 고맙지만, 이 그림은 여기가 맞아!"

전시를 오픈하는 날, 눈이 펑펑 내렸다. 모처럼 휴가를 내고 바리스타를 자처한 남편에게 전철역에 가서 작가님들을 차로 모셔 오라고 부탁했다.

"두 분을 태워 오라는 거지? 김정아 작가님은 알지만, 윤강미 작가님은 모르는데 어떻게 태우지?"

남편은 윤강미 작가를 어떻게 알아보고 태울지 걱정하며 집을 나섰다. 그리고 잠시 후 집에 돌아온 남편이 귀에 대고 속삭였다.

"운전해서 가는데, 멀리서 윤강미 작가님을 딱 알아봤어! 정말 그림이랑 똑같더라구. 그래서 바로 차를 세웠지."

이제 저 '부엌의 신'은 환한 얼굴로 웃으며 아이들과 책 수업을 하는 '그림책 작가'로 살고 있다. 그러나 끊임없이 자신의 길을 향해 걷고 있는 저 결연한 표정, 단단한 눈매는 지금도 여전하다.

어쩌면 진짜일지도 몰라

어쩌면 진짜일지도 모른다. 깊은 밤 부엌에서, 어지러진 책장의 한 귀퉁이에서, 빼꼼 열린 옷장 문 아래에서 작은 기척을 느꼈다면, 그러니까 김정아 작가의 이야기가 진짜일지도 모른다. 김정아 작가는 하우스갤러리의 개관 전시에 온 관객으로 처음 만났다. 이듬해 청담동의 한 갤러리에서 열린 김정아 작가의 개인전에 가서 작가의 그림에 흠뻑 반했다. 자신만의 색과 선이 있는 작가라는 생각이 들었다. 어느 날 김정아 작가가 말했다. 자신의 작업 세계 중 한 주인공이 있는데 하우스갤러리에만 오면 그 주인공이 하갤의 공간에서 자연스럽게 펼쳐진다고. 그 주인공이 생명력을 가지고 이리

저리 돌아다니며 계속해서 영감이 떠오른다고. 도대체 어떤 아이냐고 물었더니 작업실에서 직접 보는 게 좋겠다고 했다. 그렇게 궁금증과 설렘을 안고 작가의 작업실을 찾게 되었다. 무덥고 푹푹 찌는 여름날이었다.

그날 작업실에서 조우하게 된 그림 속 아이가 바로 '보푸라기'였다. 보푸라기? 오래된 니트에 생기는, 누가 볼까 살짝 부끄러워지는 그 보풀? 보푸라기는 사람의 겨울옷에서 떨어져 나온 보풀에서 생겨난 존재이다. 한 뼘 정도의 키에 얼굴은 까만 보풀이다. 보풀과 먼지를 모으는 일을 하며, 일 년에 두 번 계절이 크게 바뀔 때 사람들의 옷장으로 큰 사냥을 나간다. 보푸라기는 책을 보는 것을 좋아하는데 글씨를 읽는 것이 아니라 활자를 그림처럼 이미지로 본다. 보푸라기는 혼자 살아왔기 때문에 소통할 필요가 없고, 따라서 그의 세상에는 언어가 없기 때문이다. 보푸라기는 책을 보거나 보풀을 가지고 놀며 단순한 일상을 유지하는 데 하루 대부분을 보낸다.

보푸라기를 알면 알수록 도대체 어떻게 태어난 존재일

까 의구심이 들었다. 누구나 내 안에 여러 '나'를 담고 있기 마련인데, 보푸라기는 김정아 작가의 자전적인 면을 담고 있는, 작가의 여러 분신 중 하나이다. 작가는 어떠한 자신의 내면을 관찰자처럼 객관적으로 보기 위해 그림으로 옮기기 시작했다고 했다. 누군가에게 보여주기 위한 그림이 아니라 굉장히 자연스럽게 그 안에서 마구 쏟아져 나와 그려진 것이다.

상상력과 창의성에 관한 한 김정아는 매우 특별하고도 탁월한 재능을 지녔다. 이러한 작가를 만든 양분은 무엇일까? 어린 시절의 작가는 책 속으로 들어가 살고 싶다는 생각을 할 정도로 책을 보는 것을 좋아했고, 혼자 공상하는 것도 좋아했다. 실제로 책 속으로 들어갈 수 있을까 싶어 어린 시절 한참 동안 책 위에 서 있기도 했었다고 한다. 작가의 어머니는 어린 시절의 딸(작가)을 키우기 너무 쉬웠다고 회상한다. 혼자서도 너무 잘 놀아서 손이 안 가는 아이였다고 한다. 그도 그럴 것이 부엌에서 거실까지 고작 몇 미터 공간에서도 관찰하고 상상하고 가지고 놀 거리가 너무 많았기 때문에, 어린 시절의 작가는 오래도록 한자리에서 사부작거렸다. 어느 날은 할머니의 옷장에 들어가 무릎을 안고 앉아 할머니의 옷의 패턴들을 홀린 듯 바라보기도 했다. 오래된 옷과 희석되어 가는 나프탈렌이 뿜어내는 옷장 특유의 냄새를 맡으며, 빼꼼히 열린 문으로 파고드는 빛 속에서 호피와 화려한 꽃무늬를 어슴프레 바라보기도 했다. 실제로 그 기억과 감정들은 어느 날 작가의 그림으로 불쑥 튀어나오곤 한다. 독서와 공상 혹은 사색의 시간들이 김정아만의 특별한 결을 만들었다.

김정아(b.1983) 작가는 서울대 서양화과를 졸업하고 뉴욕예술학생연맹Art Students League of New York에서 그림을 그리는 등 30대 중반까지 뉴욕과 서울을 오가며 보냈다. 2017년 한국으로 돌아와 연희동의 원룸에 작업실 겸 집으로 둥지를 틀었고 그때 그려진 그림들 중 하나가 이 보푸라기 시리즈였다.

5년여의 시간 동안 일기처럼 쌓여가던 보푸라기가 2023년 2월 하우스갤러리를 통해 처음 공개되기까지의 과정도 매우 특별했다. 보푸라기는 현재진행형의 이야기라 작가마저도 이야기의 끝은커녕 얼개도 완벽하지 않았기 때문에 우리의 대화는 늘 의문과 감탄, 혹은 긴 적막이 함께 흘렀다. 나는 여러 번의 대화와 인터뷰를 녹취해 천천히 텍스트로 옮겼고, 작가는 자신의 현재 상황에 질문을 던지면서 보푸라기를 그려나갔다. 그래서 보푸라기 그림들은 약간은 성장소설 같은 느낌도 있고 그림을 그리는 과정이 작가 스스로를 알아가는 시간이자 치유하는 방식이 되었다. 전시 하나로 완결될 수 없을 것 같아, 우리는 자연스럽게 넷플릭스 시리즈처럼 지속되는 연재 전시를 떠올렸다. 2023년 시즌 1의 보푸라기 전시가 에필로그처럼 보푸라기에 대한 소개에 가까웠다면 2025년 시즌 2의 전시는 보푸라기가 더욱 또렷하게 혹은 더욱 뿌옇게 흐려지며 보푸라기의 면면을 담아낸다. 이 전시의 종결은 작가에게 더 이상 보푸라기에 대한 궁금증이 생겨나지 않을 때가 될 것이다.

보푸라기를 통해 작가가 하고 싶은 이야기는 무엇일까. 첫 전시에서 작가는 어떤 메시지를 전하고 싶다기보단 전시를 통해 질문을 던지고 싶다고 했다. 그리고 온전히, 혼자서, 세상에서 나의 위치는 어디인지, 나는 누구인지 찾는 여정의 시간을 가지면 좋겠다고 덧붙였다. 작가는 세상과 거리를 두고, 겉으로 드러나지 않는 삶을, 보푸라기라는 캐릭터를 통해 그리고자 했다. 자신 안의 보푸라기를 이해하기 위해, 작가는 정말 치열하게 성찰하고 고독하게 그렸다. 자신만의 세상에서 그 감성을 잃고 싶어 하지 않는 영원한 소녀 김정아의 보푸라기 이야기를 '하우스갤러리2303'에서 들려줄 수 있어 더없이 행운이다. 작가도 나도 보푸라기의 이야기가 오래 지속되길 바라고 있다.

부엌의 그림 한 점

주부가 된 내가 집 안에서 가장 많은 시간을 보내는 곳은 부엌이다. 나는 삼시 세끼 밥을 짓고 설거지를 한다. 그릇과 식자재를 정리하고 쓰레기를 치운다. 그러다 가끔 아무 이유 없이 부아가 치밀어 오르기도 한다. 밥때는 왜 이렇게 자주 돌아오는 것인가! 어쩜 이렇게 집 안일은 끝이 없는지! 억울한 건, 열심히 해도 그다지 티가 나지 않는데 안 하면 바로 티가 난다는 것이다. 그러니 이 무한 반복되는 일상에 지치고 힘든 마음이 드는 게 사실이다.

그래서 나는 부엌에도 그림을 둔다. 집에서 내가 가장

많은 시간을 보내는 장소이기 때문이다. 싱크대 옆 오른쪽 방향의 눈높이가 딱이다. 설거지를 하거나 야채를 다듬다가 한번씩 그림을 쳐다본다. 나는 힘든 마음이 들 때 좋아하는 그림을 보고 있으면 조금은 견딜 수 있다. 그림 옆에 국자나 뒤집개 따위는 어울리지 않으니 서랍 속에 집어넣고 원래 그림만 있던 자리인 양 공간을 메이크업한다. 그림 옆에 어울리는 식물 가지도 하나 둔다. 그러면 자연스레 지난한 삶의 현장이 조금은 우아해지고 존엄성이 깃든다.

부엌에 놓는 그림은 반드시 유리 액자가 있는 그림이어야 한다. 부엌의 공기 오염도가 생각보다 높은데, 공기에 둥둥 떠다니는 기름때가 그림 표면에 흡착되기 쉽기 때문이다. 사실 부엌은 물과 불이 가까운 곳이라 그림이 있기 좋은 곳은 아니다. 그래서 나도 어느 정도 기준선을 정해놓았다. 삼겹살을 굽거나 기름이 지글지글 튀는 음식을 만들 때는 그림을 잠시 안전한 장소로 옮긴다. 그림을 들고 종종거리는 내 정성에 남편은 혀를 내두른다. 미술관의 그림은 내 삶에 그다지 큰 영향을 미치지 않지만 나의 일상 속 바로 옆에 있는 그림은 나에게 영향을 준다. 그래서 그 정도 관리는 기꺼이 감수할 수 있다.

부엌에 자주 놓이는 그림은 한승무의 〈My Mistake〉이다. 한승무 작가가 실제 육아의 경험에서 포착한 아이의 모습을 그림으로 담은 것이다. 작가의 아들 준지가 대여섯 살 때쯤, 혼자서 할 수 있다고 고집을 피우다가 식탁에서 물컵을 쏟고 말았다. 준지는 자신의 실수가 무안하기도 하고 어쩐지 부아가 치미기도 해서 뚱한 표정이 되고 말았다. 자아가 생겨나는 아이의 첫 반항 어린 눈빛이 작가의 눈에 들어왔고, 그 순간을 기억하고 싶어 그림으로 오마주했다고 한다. 아이는 점점 더 여러 감정을 채워가며 자라날 것이다. 지나고 나면 이 순간도 눈물겹게 그리워질 날이 오고야 만다.

정말이지 한승무 작가는 인물의 특징을 잡아내 캐릭터화하는 데 귀신같은 능력을 가지고 있다. ('쿠키런'의 캐릭터를 처음 그려냈던 당시 한승무의 나이는 이십 대 중반이었을 때이다.) 하우스갤러리에서 처음 소개된 〈My Mistake〉는 그림이 한 점씩 나올 때마다 빛의 속도로 소장이 결정된다. 오리지널 버전에서는 물컵을 쏟는 아이가 등장하는데, 어느 날은 접시를 깨거나 화병을 쏟는 아이가 등장하는 등 '실수'의 내용은 다양하게 변주된다. 하지만 작품의 가장 핵심적인 부분은 뭐니 뭐니 해도 뚱한 아이의 표정이다.

〈My Mistake〉 그림을 좋아하는 사람은 생각보다 많다. 사춘기 아이를 위해 〈My Mistake〉 시리즈 중 한 점을 소장한 컬렉터는 좀처럼 말을 하지 않던 아이가 그림이 자신을 이해해 주는 것 같다며 그림을 마음에 들어 했다는 아이와의 에피소드를 들려주기도 했다.

"앗! 저건 완전, 딱, 우리 아이인데요?"

"저랑 비슷해요. 저 감정이 뭔지 넘 공감돼요."

〈My Mistake〉는 어린 내 아이이기도 하고, 사춘기 아이이기도 하고, 또한 그냥 나이기도 하다. 나는 부엌에서 설거지를 하다가 그 그림을 볼 때마다, '이거 왠지 내 모습 같은데?' 하는 마음에 푸핫 하고 웃음이 난다.

웃는 그림이 나를 보고 있다면 공감이 되지 않았을 텐데, 화가 난 표정의 그림에 오히려 마음이 열리고 기분이 누그러지는 신기한 경험을 한다. 부엌의 그림 한 점이 부엌데기를 위로하는 순간이다.

상처 난 그림

신혼집은 용산구 언덕 위였다. 나는 퇴근길에 야채 트럭에서 장을 보곤 했는데 그날은 국에 넣을 대파가 필요했다. 손이 작은 새댁이었던 나는 대파 한 단 앞에서 망설였다. 1백 원어치가 필요하다고 했더니, 아저씨는 열심히 사는 새댁이라며 대파 한 잎을 딱 내 손가락만큼 톡 따 주었다. 남편은 대파 한 조각을 사는 사람과 그림을 사는 사람이 동일 인물일 수 있나 싶어 혼란스러워했다. 경제학을 전공한 남편과 예술학을 전공한 나는 세상을 보는 관점이 다르다. 같은 지역을 놓고도 나는 어떤 갤러리, 어떤 문화 공간이 있는 동네로 인식하는데 남편은 어느 기업 사옥이 새로 옮긴 동네로 인식하는 것처럼 말이다. 우리는 다른 필터를 끼고 세상을 인식하고 그만큼 서로 다르지만, 다행히도 울퉁불퉁한 톱니처럼 조응하며 살아왔다. 그렇지만 서로 닮아가는 것이 부부라더니, 남편이 변했다. 몇 년 전이었는데 남편에게서 전화가 왔다.

"서울옥션에 도윤희 작가 그림이 나와 있어. 좋아하는 도 작가님 그림이 경매에 나오다니 놀라운데, 오, 이거 생각보다 가격도 나쁘지 않아! 그런데 내일이 경매일이야. 작품에 훼손이 있어 확인이 필요하다는 문구가 있는데, 지금 빨리 서울옥션 전시장에 손상 상태 좀 확인하러 갈 수 있어?"

2003년 KBS '디지털미술관' 프로그램을 만들 때 도윤희 작가를 취재했던 인연으로 작가를 알게 된 후, 나는 도윤희 작가의 팬이 되었다. 결혼 전 남편과 미술관 데이트를 자주 했는데 도윤희의 전시에 갔다가, 작품 속으로 마구 빨려 들어가는 그의 모습을 보았다. 작가의 작업실에 방문한 경험까지 더해져 남편에게도 도윤희 작가는 단단히 각인되었던 것이었다.

도윤희(b.1961)는 40년 넘게 자연의 원형, 생명의 이미지를 추상회화로 표현해 온 작가이다. 작가는 물감과 연필로 작품의 층을 쌓을 때마다 바니시barnish•를 칠해 화면의 깊이를 만든다. 이미 지나간 것, 지금 생겨난 것을 차곡차곡 쌓으며 생성과 소멸, 존재를 표현한다. 정물화로 유명한 한국의 1세대 서양화가 도상봉의 손녀로도 잘 알려져 있다. 성신여대 서양화과 교수로 재직했고, 독일과 서울을 오가며 작업하고 있다.

옥션에 나온 작품은 세포와 화석의 단면 등 보이지 않는 세계와 시간성에 집중한 초기작인 〈존재〉 연작 중 하나로 2000년 작품인 〈존재-늪으로〉였다. 무수한 붓질이 조화롭게 쌓여 반짝이듯 신비스러운 분위기를 자아내는 작품으로, 마침 좋아하는 시리즈 중 하나였기 때문에 더욱 반가웠다.

내일이 경매라니 시간이 빠듯하게 느껴져 택시를 타고

• 그림이나 공예 표면에 바르는 마감재. 윤기를 더하거나 내구성을 높이기 위해 바니시로 마무리한다.

평창동 서울옥션으로 이동했다. 남편에게 작품 살 돈은 있냐고 물었다.

"그건 걱정 마, 우리에겐 마통이 있잖아!"

'마통'이 무엇인지 몰랐던 나는 뭔가 대책이 있다는 줄 알고 너무 다행이라고 응수했다. 도착하자마자 직원의 안내로 수장고로 갔다. 역시나 작품에 이슈가 있었다. 기업 소장품이었는데 관리가 제대로 되지 않아 작품에 손상이 가 있었다. 그림은 오랫동안 창고에 방치되어 있었던 것 같았다. 최소한의 보호장치 없이 다른 액자를 겹쳐 세워 두었는지 화면의 물감이 여러 군데 움푹움푹 패여 있었다. 안타까운 탄성이 절로 흘러나왔다. 그 상처들은 너무나 명백했다.

훼손된 그림 앞에서 고민이 시작되었다. 우리가 사는 동안에 도윤희 작가의 작품을 소장할 수 있다면, 이번이 다시 없을 기회였다. 생각보다 상태가 온전치 않았지만, 한편 그래서 더 마음이 갔다. 마치 주인에게 버림받고 병든 고양이 같았다. 우리는 입양을 결정했다. 그리고 수복修復 전문가를 수소문해 수리를 맡겼다. 이미 도윤희 작가의 작품을 수복한 경험이 있고, 이중섭의 그림도 복원한 적이 있는 손꼽히는 복원가였으므로 믿고 작품을 맡겼다.

미술품 보존과 복원은 미술계에서는 매우 중요한 이슈이다. 많은 이들이 문화재 복원은 쉽게 떠올리지만, 기껏 백 년 안팎의 현대미술 작품에 무슨 수리가 필요하냐고 생각한다. 그러나 현대미술이야말로 보존 수복의 이슈가 따라다닌다. 문화재 같은 유물들의 재질은 금속이나 도자기(1,400도가 넘게 구워진 세라믹은 결국 돌인 셈이다), 땅속에서 몇백 년, 몇천 년을 견딘 재질이 많다. 그러나 현대미술의 재료는 너무나 다양하다. 게다가 작가들은 보존이 확실한 재료들만 골라 쓰는 것이 아니라 '표현'을 위해 자유롭게 제작하다 보니 정체불명의 '믹스드 미디어Mixed Media' 앞에서 수복 전문가들의 고민이 수렁에 빠지기도 한다.

험난한 과정을 거치고 돌고 돌아 도윤희의 1999년 작 〈존재-늪으로〉가 드디어 우리 집으로 왔다. 수리 상태도 양호했다. 가로 2미터의 그림을 걸기 위해 거실의 책장을 가로로 절반 덜어냈고, 작품 수리비까지 모두 지불했다. 그리고 나니 새삼 돈의 출처가 뭐였는지 궁금해 다시 물었다.

"마통이라고 했잖아. 마이너스 통장!"

"뭐라고? 빚을 냈단 말이에요? 마통이 그런 뜻이었어? 부창부수라지만, 아이고, 여보!"

우리는 한동안 새로운 겨울 외투 따위는 살 수 없었다. 옷소매 끝이 해졌지만 우리를 위로하듯 한동안 빈티지 패션이 유행해서 다행이었다. 그림을 보고 뿌듯해하는 남편을 보니, 나도 모르게 웃음이 나왔다. 그가 이 세계에 들어왔다.

II 집으로 간 그림

아버지와 빈 포도 가지

시부모님 댁의 천장이 내려앉고 있었다. 오래된 1기 신도시의 아파트는 점점 낡아가고, 부모님은 이십 년 넘게 별 수리 없이 한집에서 계속 살아오셨으니 당연한 결과였다. 부모님 집의 상태는 내 눈에도 너무 위험해 보였다. 기왕 고칠 거, 안전 문제도 해결하고 예쁘게 고치면 좋겠다 싶어 집수리 진행을 자처했다. 정해진 예산 내에서 공사 목록을 체크하고 업체를 만나 계획을 짰다.

나는 유난히 공간의 영향을 많이 받는다. 공간의 상태가 마음의 상태를 지배하는 종족에 속한다. 부모님은 당신들이 살아온 집이 편하다고 하셨지만, 체리색 몰딩으로 구획된 집에는 오랜 시간 집을 거쳐 간 모든 식구의 흔적이 가득해 아무리 청소를 해도 늘 어지러웠다. 삶의 모든 시간과 사람에 대한 기억을 항상 대면해야 하는 것은 내 기준에서는 피곤한 일이었기 때문에 부모님의 집이 늘 안타까웠다. 노후의 공간일수록 산뜻하고 가벼워야 하는 법이다.

한 달 후, 집은 환골탈태했다. 마치 하얀 종이로 접어놓은 집 같았다. 그런 집에 형태와 색깔을 가득 채우고 싶지 않아 최소의 세간만 놓고 최대한 집의 공간을 비워냈다. 마지막으로, 집의 완성은 역시 그림이 아닌가. 사실 처음부터 그림을 걸리라 마음먹고 있었으므로 하갤의 수장고에서 노년의 부모님에게 가장 어울릴 그림들을 골랐다. 지나치게 화려한 색이나 구상보다는, 그들의 삶을 조용히 비춰주고 어루만져 줄 작품이 좋겠다 싶었다.

아버지는 1945년 해방이 되던 해 9남매 중 맏이로 태어나셨다. 한국전쟁이 터졌을 때 기껏 대여섯 살에 불과했던 그는 부모님 옆에서 묵묵히 더 어린 동생의 손을 잡고 끝없이 걸었다고 했다. 이제 아버지는 여든이 넘으셨다. 그는 수많은 굴곡을 지나왔고 전 생애를 쉬지 않고 열심히 일했다. 부모와 형제, 자식들까지 종으로 횡으로 수많은 가족을 돌보았다. 나는 감히 생각할 수 없는 삶이다. 당연히 자신이 우선인 적이 한 번도 없었던 부모님은 본인만의 취향이나 심미안 등에는 관심을 가지지 않으셨다. 그 세대의 헌신이 있어 우리 세대가 넘치는 취향과 심미안을 갖게 된 것이리라.

나는 마음이 가는 대로 부모님을 위한 그림을 골랐다. 그저 직관적으로 자연스럽게 떠오른 그림이 하갤에서 소장 중이던 이우환의 판화 〈조응〉과 도윤희의 커다란 유화 작품 〈존재-늪으로〉였다. 그런데 운송이 문제였다. 도윤희의 작품은 가로 2m, 세로 1m로 거의 칠판 크기에 육박한다. 운송하기 편한 다른 작은 그림도 있는데, 꼭 이 그림이어야 하냐고 묻는 남편에게 나는 단호하게 말했다.

"두 가지 방법이 있으니, 둘 중 하나를 택해요. 운송 차량을 부르면 10만 원이고, 잘하면 우리 차에 실어볼 수 있을 것 같아요."

우리는 낑낑대고 차량 내부를 사선으로 관통해 겨우 그림을 실었다. 운전석과 조수석까지 그림이 쳐들어왔다. 남편과 나는 거북이처럼 목을 움츠리고, 머리에 그림을 얹은 채로 40분을 운전했다.

그림을 거는 공간은, 걸었을 때 예쁜 공간이 아니다. 집에 사는 사람들이 마주하게 되는 맥락이 고려되어야 한다. 두 개의 점이 찍힌 〈조응〉은 그저 '그림멍'의 순간이 되길 바랐다. 아침에 방문을 열고 나왔을 때 마주하는 자리라 매일 아침 처음 눈에 담는 그림이 되었고, 소파에 앉아서도 잘 보여서 하루의 많은 시간을 함께 보낼 그림이 되었다. 눈이 편한 도윤희의 〈존재-늪으로〉는 식탁 앞에 걸었다. 추상화이지만 보기에 따라 이끼 덮인 연못이나 숲으로 보이기도 하고 윤슬로 일렁이는 삶으로 보이기도 한다. 어떻게 보아도 좋은 것이 추상화의 매력 아닌가. 그 그림을 마주하고 부모님은 식사를 하고 차를 마시고 성경을 읽거나 필사를 하신다. 값비싼 대리석 아트월 대신 그렇게 그림들이 자리했다.

그런데도 빈 벽 하나에서 자꾸만 눈이 멈추었다. 뭔가 아쉬운 마음이 들었다. 며칠을 고민하다 새로 냉장고를 사드리려 했던 돈으로 작품을 구매했다. 선택지를 두고 보통은 낡은 냉장고를 견디지 못하겠지만, 내 생각은 달랐다. 냉장고는 결국 낡아갈 테지만 작품의 가치는 결코 낡지 않는다. 물론 부모님은 냉장고와 맞바꾼 그림이라고는 알지 못하셨다. 내가 고른 작품은 정경자 작가의 사진이었다. 정경자는 두 번째 하갤 전시 작가였는데, 하갤 전시를 하는 동안 무척 마음에 들어 소장하고 싶어 몇 번이나 망설였던 작품이었다.

정경자(B.1974)는 중앙대와 에든버러대학에서 사진을 전공했다. 20년 넘게 '상업사진'이 아닌 '예술사진'의 필모그래피filmography를 쌓아온*, 사진 예술계에서 몇 손가락 안에 꼽히는 귀한 중견 여성 작가이다. 그간 2013

---

* 상업사진(Commercial Photography)과 예술사진(Fine Art Photography)의 차이는 사진을 촬영하는 목적과 결과물의 활용 방식에서 달라진다. 상업사진은 클라이언트의 커미션으로 홍보나 광고 등의 상업적 이용을 위한 사진이고, 예술사진은 작가 자신의 예술적인 표현을 위한 매체로서의 사진이다.

일우사진상과 2022 광주신세계미술제 대상을 받았고, 뮤지엄 한미 등에서 전시를 하고 도록이 쌓였다. 정경자 작가가 카메라의 셔터를 누르는 순간, 즉 그가 세상에 반응하는 지점의 정서는 일관된다. 버려진 것, 죽어가는 것, 소외된 것. 작가는 아무 의미 없는 것 같은, 우연히 만난 것들에 이끌려 사진을 찍는다. 찍을 땐 작가도 의식하지 못하지만, 막상 찍고 나서 보면 모두 같은 연장 선상이라고 한다. 작가는 사진 속 피사체들에 동질감을 느끼며, 되묻는다. 과연 이것들이 버려지고 소외되어 마땅한가?

〈Story within Story〉 연작 중 하나인 이 작품은 작가가 에든버러에 유학하고 있을 때 작가의 일상적 삶의 한 장면을 카메라에 담았다. 화면의 대부분은 텅 비어 있고 화면 하단에 작은 나뭇가지가 놓여 있다. 포도알을 따 먹고 남은 빈 포도 가지이다. 쓰임을 다했다고 생각하고 한 번도 눈길을 주지 않았던 존재였는데, 그냥 버려지기엔 너무 아름다웠다. 나는 사진 속 그 빈 포도 가지를 바라보며 무수히 감탄했다. 그것은 매우 복합적인 감정이었다. 그런데 막상 집에 걸린 작품을 보니,

아차 하는 생각이 들었다. 작품의 표면적인 이미지, '다 먹고 남은 빈 가지'만 보시고 아버지가 혹시라도 서글퍼하시거나 언짢아하시면 어쩌나 하는 생각이 드는 것이었다.

다행히도 완성된 집에서 부모님은 기뻐하셨다. 그리고 아버지는 눈물을 글썽이셨다.

"집에만 있어도 참 행복하다는 생각이 든다. 정말 좋구나. 집수리하느라 애썼고 좋은 그림도 걸어주어 고맙다. 솔직히 나는 그동안 네가 왜 그림을 사는지 이해할 수 없었다. 그림을 사는 너를 보고 내심 걱정이 되기도 했었다. 그런데 이제야 알겠구나. 이렇게 항상 가까이서 그림을 보니 참 좋다. 이우환은 뉴스에도 나오는 대단한 양반이더구나. 도윤희도 참 마음에 든다. 그런데 가장 내 마음에 드는 건 이 사진이다. 빈 포도 가지 사진이 참 좋구나."

나도 눈물이 핑 돌았다. '작가의 의도와 작품의 숨은 의미가, 온전하게 아버지에게 가닿았구나!' 하는 생각이 들었다. 작품과 아버지는 닮아 있었다. 기울어진 천장에서 시작된 이야기는, 빈 포도 가지 사진이 너무나 걸맞은 자기 집으로 찾아간 이야기로 행복하게 완결되었다.

널 기다렸어

그림마다 주인이 정해져 있다는 생각이 들곤 한다. 그 새 그림이 그랬다. 임효영 작가의 그림책 『밤의 숲에서』 32~33페이지에 등장하는 오리지널 드로잉의 가장 초기작이었던 새에 관한 이야기이다.

임효영의 그림책 『밤의 숲에서』(노란상상, 2019)가 나오게 된 계기는 외할머니의 죽음이었다. 작가는 머나먼 호주에 살고 있었고 아이를 낳은 직후여서 할머니의 장례식에도 가지 못했다고 했다. 자신을 길러주셨던 할머니의 죽음에 상처가 컸던 작가는 자신의 방식대로 글을 쓰고 그림을 그리는 과정이 필요했다. 어린 아기를 재우고 늦은 밤 식탁에서 종이에 그림을 그리며 차오르는 눈물을 떨구었다. 작가는 글을 쓰고 그림을 그리며 할머니와 작별했다. 그 그림들은 전시나 출판이 목적이 아니었고 그저 할머니를 애도하는 시간의 결과물이었다. 관습이나 사회적 몸짓이 무엇이 중요한가. 누군가는 기도를 하거나 글을 쓰기도 하고 노래를 부르거나 춤을 추기도 한다. 우리는 '헤어지기 위해' 각자의 방식대로 최선을 다한다. 그와 함께했던 시간은 멈추고 기억만 남는다. 고왔던 기억과 가슴 아픈 기억들까지, 엉겨 붙은 수많은 마음에서 우리가 남길 것들은 무엇일까.

작가는 그림을 그리면 그릴수록 할머니뿐만 아니라 엄마도 함께 생각하게 되었다고 한다. 살가운 모녀 사이가 아니라 말로는 표현하지 못했던 이야기, 이 책을 통해 '엄마'와 '엄마의 엄마'를 이해하려 노력하고 있다고 얘기하고 싶었다. 그리고 자연스럽게 그림의 주인공이 다시 작가 자신으로 겹쳐진다는 것을 깨달았다. 결국 이것은 자신을 위한 이야기이며, 그렇게 우리 모두를 위한 이야기로 확장되었다.

2017년에 시작된 작업은 다음 해까지 이어졌고, 남편의 독려로 2019년 그림책으로 출간되었다. 그리고 최종의 그림책으로 묶이기까지 셀 수 없이 탄생한 수많은 그림 중 42점을 추려, 2020년 '하우스갤러리2303'의 개관전에서 동명의 전시《밤의 숲에서》로 소개하게 되었다.

집(하우스갤러리)의 벽을 빼곡히 채우고도 모자라, 절반의 그림은 액자 없이 종이 그림 그대로 책상과 침대 위에도 전시해야만 했다. 이야기 글을 막 완성하고 처음으로 끄적인 할머니 캐릭터의 초기 스케치를 비롯해, 한 페이지에 싣기 위해 작업한 여러 장의 그림도 빠짐없이 전시했다. 그림책에 수록된 최종 원화와 함께 B안, C안의 그림들까지 전시는 책이 태어나기까지 지난 2년간의 흔적을 보여주고자 했다. 늦은 밤에 주로 그림을 그리다 보니 커피나 찻물 자국이 떨어져 있거나 구겨지거나 때가 묻은 그림까지, 그림 속엔 작가 삶의 흔적이 고스란히 담겨 있었다. 거실과 아이 방, 침실, 복도와 부엌을 오가며 그림책을 넘기듯, 그림들이 펼쳐졌고 스토리가 전개되었다.

그림책 서사의 마지막쯤에 등장하는 새 그림은 바다를 건너 하늘로 날아가는 모습으로 할머니의 죽음을 은유하고 있는 작품으로, 거실의 한쪽 벽에 걸려 있었다. 밤의 숲에서 여정의 마지막에 다다른 할머니가 어스름하게 동이 틀 무렵 자신이 새로 변할 걸 알게 된다. 그리고 이제 곧 아침이 온다는 걸 직감하며 자신의 죽음을 받아들인다. 그림이 있는 페이지의 글을 잠시 소개한다.

> 마침내 할머니는 힘차게 날아올랐습니다.
> 힘찬 날갯짓 아래로 마지막까지 내려놓지 못했던
> 오래된 그리움이 우수수 쏟아져 내렸습니다.
> 할머니는 미소를 지었습니다.
> "아이고, 이제야 가벼워졌네."

새 그림은 두 가지 버전이 있었다. 가장 먼저 그려진 '첫 번째 그림'과 최후에 그려진 '마지막 그림'. 구도는 비슷하지만 새의 형태가 바뀌었고 다소 거친 호흡의 뭉툭한 연필 선은 좀 더 섬세하고 부드럽게 다듬어졌다. 2년의 시간 동안 고유의 형태와 패턴, 표현으로 개성 있게 정리되어 '완성'되었다. 그림책에 수록된 '마지막 그림'은 전시가 오픈되자마자 바로 하노이에 살고 있는 눈 밝은 컬렉터의 눈에 띄어 전시 초반 진짜 바다를 건너 자신의 집을 찾아 날아갔다. 한편 '첫 번째 새 그림'은 전시 말미까지 주인을 기다리고 있었다. 얼핏 보면 거칠고 투박한 선이라 완성도가 떨어져 보일 수도 있지만 그 그림은 또한 묘한 감정을 불러일으키는 작품이기도 했다. 다시는 재현되지 않을 작가의 첫 번째 호흡을 담고 있어 매우 귀하고 의미 있는 그림이었다.

어느 날, 관객 K가 퇴근하고 저녁 시간에 《밤의 숲에서》 전시를 보러 왔다. 조용히 전시를 보고 있던 K의 눈이 오랜 시간 새 그림에 멎어 있었다. 그래서였을까? 그 그림 앞에서 평소보다 길게 이야기를 했다. 작가가 처했던 상황, 그림이 그려지게 된 배경, 이 그림의 은유를 설명했다.

그런데 그림을 보고 있던 K의 눈시울이 붉어지나 싶더니 어느새 눈물이 흘러내리기 시작했다. 우리 안에 눈물을 담고 있는 눈물주머니가 있다면 K는 늘 눈물을 가득 담아두고 있는 것만 같았다. 눈물은 줄기가 아니라

폭포처럼 온 뺨을 타고 흘러내렸다. 어떤 이유인지는 모르지만, 슬픔이 가득하고 유약한 인간의 모습엔 그저 함께 가슴 아파하고 공감할 수밖에 없었다. 아무 말도 없이 한참을 펑펑 울다가 그는 돌아갔다.

늦은 밤에서야 그에게서 문자가 왔다. K는 그림을 보고 먼저 세상을 떠난 동생을 떠올렸다고 했다. 그는 늘 마음이 아팠으리라. 바쁜 일상 속에서 무상과 망각의 시간이 생겨날 뿐, 슬픔은 쉽사리 옅어지지 않았을 것이다. 가슴속 돌덩이는 녹지 않고 무겁게 내려앉아 있고 마음은 늘 부서지고 흩어졌을 것이다. 연기처럼 흩어지는 그 마음을 어떻게든 부여잡고 싶지만, 우리는 얼마나 무력하단 말인가.

K가 그림을 데려가고 싶다고 했다. 그 새 그림이 그에게는 동생이었던 것이다. 어딘가 망망대해를 날고 있지 않는지, 더 이상 헤매지 않게, 이제 집으로 데려가겠다고 했다. 그림도 기다렸으리라. "멋있다. 좋다." 그림 앞에서 속삭이던 수많은 이들의 감탄 속에서도 그 새는 쉽사리 곁을 주지 않고 오롯이 자신의 진짜 주인을

기다렸으리라. 작가의 부엌 테이블에서 태어난 그림은 마침내 자기 집을 찾게 되었다.

"그런 가슴 아픈 이야기가 있을 줄은 꿈에도 몰랐어요. 새가, 드디어 주인을 찾아간 것 같아요. 저도 무척 좋아했던 작품인데, 희한하게 주인이 생기지 않는다고 생각하고 있었는데 그 새가 K 님을 기다렸던 것 같아요. 새가 슬픔을 넘어서 위안과 삶에 용기를 주길 바랄게요. 동생분도 그러하길 바라고 있을 거란 생각이, 감히, 들었습니다."

내 마음을 제대로 표현하고 싶어서 메시지를 썼다 지웠다 하다가 부족한 어휘력을 절감하며 겨우 전송했다.

캔버스 위 건축가

도전과 무모함은 어쩌면 한 끗 차이다. 그리고 그 사이에서 끝을 알 수 없는 일이 있다. 이를테면 지탱할 수 없는 구조물을 힘들게 지어 올린다거나, 또는 기껏 쌓아 올린 건축을 무심히 허물어내는 그런 일 말이다. 올라가는 계단의 끝에 다다르나 싶더니, 어느 순간 다시 내려가고 있는 것처럼 그 모순과 당황스러움이라니.

회화와 판화를 전공하고, 2021년 〈건축 모티브를 통한 심리적 공간 연구〉로 박사 학위를 받기까지 오랜 시간 일관되게 '건축적 공간'이라는 주제로 작업해 온 서재정 작가를 소개하는데 나는 건축가라는 단어를 먼저 떠올렸다.

서재정 작가를 처음 만난 것은 10여 년 전, 아르코미술관 '신진작가지원프로그램'을 통해서였다. 그다음 해 '건축학교 예비교사과정'에서 그녀를 다시 만났다. 건축학교에 참여하는 교사 대부분이 건축을 전공한 이들이었는데 특이하게 미술작가가 참여해 많은 관심이 모였다. 나는 건축과 건축교육이라는 테두리에서 오랫동안 함께 프로젝트를 진행하며 서재정 작가의 성실함과 단단함, 건축에 대해 일관되게 끌고 나가는 주제 의식에 감탄하게 되었다.

2022년 하우스갤러리2303의 네 번째 전시작가인 서재정(b.1983)은 이화여대에서 회화와 판화를 전공하고 동 대학원에서 석사 및 박사과정을 졸업했다. 2011년 《불확정성 유기적 공간》 전시를 시작으로 《조합된 장면들》, 《형태 공간》, 《조각적 단상》, 《네모 속 육면체와 사각형》, 《1과 2의 공간》 등 공간에 대한 탐구를 지속해 왔다. 금호창작스튜디오와 영은창작스튜디오 입주작가로 활동했고, 양주시립장욱진미술관 뉴드로잉 프로젝트 장려상 수상, 소마드로잉센터 아카이브 작가로 선정되기도 했다. 국립현대미술관 미술은행과 정부미술은행, 양주시립장욱진미술관, 영은미술관, 이대서울병원 등에 작가의 작품이 소장되어 있다.

'캔버스 위 건축가' 서재정이 그려내는 도면은, 실제의 도면은 아니다. 3차원으로 이끄는 완벽하게 똑떨어지는 건축가의 도면이 아니라, 실재하지 않는 시점과 뜬금없는 왜곡과 갑자기 툭 튀어나온 상상이 더해진 미술가의 도면이기 때문이다. 캔버스 위에 붓을 든 작가는 더 자유롭게 공간을 상상하고 해체하고 조망하며 새로운 공간을 탐험하게 안내한다.

서재정의 작업은 공간이라는 물리적 관점에 심리적 관점이 파고들며 끊임없이 새로운 시점과 내러티브를 생성하는 드로잉에 가깝다. 작품에 자주 등장하는 기둥과 아치는 하나의 선으로 시작하다가도 어느 순간 건축적 구조는 무너지고 재조합되는 과정의 연속이다. 그러니 수학적 수식으로 촘촘하게 구성되지만, 공간을 비틀어 다시 새로운 수식이 등장하는 이 수수께끼 같은 도면을 완벽하게 이해하지 못해 당황해할 필요는 없다.

인간은 누구나 건축가가 조각해 낸 공간 속에서 머물고, 주어진 환경과 머무는 공간에서 영향을 받는다. 주어진 너비와 높이만큼 움직임이 정해지고, 공간이 머금고 있는 빛과 공기마저 심리적 온도에 영향을 주기 마련이다. 그래서 각자가 머무는 공간에 대한 심리도 때로 이중적이다. 현재의 공간에 안도감을 느끼고 안주하면서도 벗어나고픈 마음과 새로운 공간에 대한 갈구도 공존한다. 그렇듯 공간에 대한 호기심과 욕망은 무수히 확장되어 또 다른 차원인 메타버스까지 다다르고 있는 한편, 결국 내가 발딛는 현실 공간에 대한 자각 또한 더욱 절실히 중요해지고 있는 것이다.

하우스갤러리의 네 번째 전시였던 《숨겨진 층: 무수히 공간을 짓고 허무는, 캔버스 위 건축가》(2021.12.27.~2022.2.11.)는 서재정 작가의 일곱 번째 개인전이었다. 빤히 예상되는 획일화된 도면 위에 콘크리트로 벽을 친 현대인의 주거 공간인 아파트 공간을 전시장으로 한 '하우스갤러리2303'에서, 작가 서재정이 오랜 시간 탐

구해 온 심리적 공간의 도면들을 펼쳐 보였다. 그 도면들은 쉽게 답이 나오지 않는 것에 마음을 쏟고 그 속에 자신을 내던져 창조한 작가의 결과물이기도 했다. 일상을 영위하는 집이라는 공간과, 공간에 대한 특별한 예술적 상상력이 펼쳐지는 작품이 품고 있는 공간의 대비가 더욱 극적인 대조와 함께 조화를 이루어냈다.

'유연한 공간'과 '불확정성 유기적 공간'의 시도는 '조합된 장면들'을 넘어 '조각적 단상'으로 이어지며, 공간에 대한 서재정 작가의 탐구는 지속되어 왔다. 특히 하갤 전시에서는 작가의 신작으로, 한글 자음 ㄱ과 ㄴ의 구조에서 출발한 새로운 〈불확정성 유기적 공간〉 시리즈 등이 처음 공개되기도 했다.

천천히 호기심 어린 눈으로, 해독이 불가할 것만 같은 작업을 살펴볼 가치가 충분했다. 무뎌지고 정체된 우리의 현실을 벗어나는 가장 근사한 길이기 때문이다. 전시장을 찾은 관람객 중 유독 건축 분야의 사람들이 많았는데, 건축을 업으로 삼고 있는 한 관람객은 틀에서 벗어날 수 있는 시각을 볼 수 있어 영감을 얻어간다는 피드백을 남기기도 했다.

서재정의 전시에서 생애 첫 그림을 구매한 컬렉터 중에 건축가가 있었는데 그는 건축 스튜디오 '드로잉웍스 DRAWING WORKS'의 김영배 대표였다. 드로잉웍스는 갑자기 떠오르는 건축적 발상에 기대 작업하기보다는 대지에 내재한 잠재력을 발굴하고 지역성을 토대로 자연스러운 풍경을 만들어나가는 건축을 지향하며, 〈리틀 아씨시〉, 〈고라미집〉, 〈서프 하우스〉 등의 대표작을 완성했다. 작가 서재정이 그림으로 건축을 한다면, 건축가 김영배는 건축으로 그림을 그리고자 한다는 점에서, 서로 공명하며 연결된 부분이 있었다. 전시가 끝나고 서재정의 그림 〈불확정성 유기적 공간〉 한 점이 드로잉웍스의 벽에 걸렸다. 미술과 건축, 작가와 건축가, 작가와 컬렉터로 예술적 교감이 이뤄진 보람찬 마무리였다.

서걱이며 걷는 밤

가끔 예술가의 작업을 들여다보다 보면 마치 '비밀의 화원' 같다는 생각이 든다. 정원사이기도 한 모든 아티스트는 자신만의 이야기와 색채와 형태로 각자의 정원을 가꾸고 있고, 그들은 위대하고도 외로운 창조자처럼 느껴진다. 비밀의 화원은 열쇠가 없어도 누구나 들어갈 수 있지만 덩굴을 헤치고 입구의 문을 찾아야 하는 노고와 두려움 없이 발을 내딛는 용기 정도는 필요하다. 새로운 정원을 거니는 것은 특별한 일이다. 때로는 큰 감흥 없이 정처 없이 헤매다 끝나는 산책이 될 수도 있지만, 일상의 루틴을 벗어난 산책만으로도 의미는 충분하다. 예기치 않게 감탄이 터져 나오는 새로운 것들을 발견할 수도 있지 않을까. 그림을 마주하다 보면 그림의 세계가 우리를 새로운 곳으로 인도하기도 한다.

'하우스갤러리2303'의 여섯 번째 전시는 작가 이고운(b.1979)의 비밀의 화원 속으로 들어가는 산책으로 기획한 전시였다. 2022년 2월 늦겨울과 초봄 사이 어느 날, 작가의 작업실을 찾았을 당시 작가는 네 살 쌍둥이 아들을 키우고 있었다. 뉴욕 유학 후 이화여자대학교에서 박사까지 마쳤고 일곱 번의 개인전으로 중견작가의 탄탄한 경력을 쌓았으나, 소소한 그룹전을 제외하고 몇 년간 전시다운 전시는 멈춰 있었다. 작업실에는 지난 20년간의 작품들이 쌓여 있었고 한쪽에는 현재진행형의 그림들 몇 점과 마른 물감이 자리해 있었다. 하루에 한 시간이라도 그림을 그리려 하지만 붓을 들 수 없는 날도 많다고 했다. 작가로서 자신의 세계를 지키려 애쓰고 있는 모습이 작업실 곳곳에 역력했고, 고군분투 중인 그녀의 모습이 나와 비슷하게 느껴졌다. 나는 작업실의 작품들 사이를 걸어 다녔다. 보통의 개인전은 새로운 신작을 발표하는 형식이지만, 전시를 채울 신작 리스트를 충분히 확보할 수 없겠다는 생각이 들었다. 대신 작가의 작품 전반을 소개하는 편집 전시로 만들어보자고 했다. 작가의 삶의 파고와 작업 시기에 따라 여러 변화를 지켜보는 것이 오히려 흥미로울 것 같은 생각이 들었다. 전시를 할 가을까지 6~7개월 정도 시간이 있으니, 가능하면 몇 작품이라도 신작이 나오면 좋겠다고 얘기했다. 전시장이 집이라는 공간이니 작은 그림도 좋다고 덧붙였다. 왠지 서로 비슷한 처지의 작가와 기획자는 그렇게 전시 준비를 시작했다.

가을 전시를 준비하기 위해 여름내 작가는 작업실에서 그림을 그리고, 나는 작가의 그림을 이해하고자 작업실에서 미리 가져온 몇 점의 그림을 마주한 채 작가의 박사 논문을 읽었다. 글을 읽다가 그림을 보고 그림을 보다가 다시 글을 읽었다. 그러던 어느 날 밤, 어느 순간 내 귀에서 '서걱서걱' 소리가 들려왔다. 어느새 내가 그림 속 인물처럼 작가의 어슴푸레한 밤의 정원에 들어가 수풀을 헤치며 걷고 있었던 것이었다. 온몸의 세포가 깨어나 공감각적으로 작가의 그림 세계가 나에게 훅 하고 들어왔다. 전율이 일었다. 한참을 서걱이며 걷다 보니 곧 아침 해가 떴다. 나는 아침 댓바람부터 작가에게 연락해 '서걱이며 걷는 밤 산책'을 전시 제목으로 하면 어떻겠느냐고 물었다. 작가는 '걷는'과 '산책'이 중복되니 '산책'을 빼도 좋겠다고 했다. 머리를 맞대니 역시 좋다. 그렇게 《서걱이며 걷는 밤》(2022.9.29.~11.11.)의 전시 제목이 정해졌다.

이고운은 장지와 캔버스를 넘나들며 치유의 이상향에 대한 은유를 표현해 왔다. 작가가 빚어낸 예술 세계는 밤의 시간에 머물러 있다. 낮의 시간은 강한 햇빛 아래 모든 것이 명확하고 고정된 의미로 식별되는 시각적인 시간이라면, 밤의 시간은 모든 대상의 경계가 모호해지며 감촉과 소리로 더듬는 촉각적 시간이다. 작가는 그 모호한 밤의 시간대에 마음이 끌렸다고 한다. 밤이지만 완전히 깜깜하지 않고 적당한 달빛과 별빛이 있어 우리는 천천히 서걱이며 작품 속을 걷기 충분하다. 작품에서 느껴지는 '따듯함warmness'은 작가의 작업 전반이 향하는 방향이다. 그림에서 읽히는 색채의 분위기, 부드러움, 반짝임, 서정성, 동화적 상상, 때때로 사랑스러움 등은 결국 작가를 포함해 그림을 보는 이에게 따듯하고 포근한 정서적 교감을 건넨다. 어둠 속에서도 느껴지는 따뜻함이라는 역설적인 감정은 이고운의 작품 세계를 더욱 특별하고 깊이 있게 만들어준다.

작가의 주요 대표작으로 꼽을 수 있는, 미국 유학 시절에 시작된 〈구름나무〉와 작가의 심리적 풍경을 투영한 〈이상정원〉 등 주요 작품들과 함께, 힘든 육아의 순간 자신을 위로하듯 그린 그림들 몇 점과 '하우스갤러리 2303' 전시를 위해 준비한 신작들까지 스물세 점의 그림이 집으로 왔다. 작가는 2015년 박사 논문을 마치고 출산과 육아의 시간을 거치며, 절대적인 작업 시간이 줄어든 만큼, 작업에 대한 열정으로 작업의 밀도를 높였다. 2022년 신작으로 태어난 〈이상정원〉은 이전과는 또 달라진 분위기로 한층 더 밝고 부드럽게 다가왔다. 작가의 새로운 삶의 일면이 작업으로 스며든 흔적 또한 살펴볼 수 있다. 토마스와 기차들, 러버덕, 플레이모빌처럼 엄마가 된 작가의 삶을 둘러싼 새로운 오브제가 그림에 속속 등장하기도 한다. 작가의 사는 모습이 그림에 녹아들고 투영되는 게 나는 좋았다.

이고운 작가의 전시는 성공적이었다. 그림은 집에 걸

리자 더 빛이 났고, 작품과 공간도 더없이 잘 어울렸다. 그리고 기대 이상으로 많은 그림이 자신의 집을 찾아갔다. 숲에 앉아 쉬고 있는 새처럼 지친 내 마음도 내려놓고 싶다는 관객도 있었고, 열심히 살아온 자신에게 주는 선물이자 인생 첫 그림이라며 만기가 된 적금으로 그림을 데려간 이도 있었다. 2교대 근무로 혼자 잠드는 딸아이가 안쓰러워 회사를 그만두고 이제 마침내 '집으로' 가게 되었다는 또 다른 여성 관객은 집으로 가는 길의 〈핑크뮬리 밤〉을 걸고 새로운 자신의 삶을 기념하고 싶다고 했다. 쌍둥이 아들딸을 위해 공주 오르골과 왕자 오르골 그림을 데려간 엄마도 있었다. 다양한 이유로 그림을 선택한 관객들의 모습에서 예술이 가진 치유의 힘을 느꼈다. 그리고 수많은 그림이 또 다른 이야기를 덧입고 자기 집으로 안착하는 모습은 작가에게도 나에게도 감동의 순간으로 기억되었다. 그림은 단순히 시각적인 대상을 넘어, 사람들의 감정과 삶에 깊숙이 관여할 수 있다는 것을 깨달았기 때문이다.

"작가 이고운이 가꿔온 밤의 정원으로, 경계 없이 우리를 감싸는 밤 산책을 나서보자. 쏟아지는 별을 주우며 서걱서걱 걸어보자. 상징과 은유로 가득한 작가의 그림 속을 우리는 새로운 관점으로 거닐어도 좋을 것이다."

전시를 소개하는 말미에 썼던 이 문구를 작가는 마음에 들어 했다. 하갤의 전시가 끝나고 곧이어 열린 청주 쉐마미술관의 이고운 개인전에서는 그 문구에 화답하듯, 밤의 정원 안에 하늘에서 쏟아진 별들이 여기저기 툭툭 떨어져 있었다. 바라보고 있으니 미소가 피어나는 동시에 눈물이 차올랐다. 작가도 나도 이렇게 한 걸음 더 나아간 시간들이었다.

여기서부터 여름

내가 어떤 사람인지를 객관적으로 이해하는 방법의 하나로, 나와 가장 가까운 사람, 자주 만나 시간을 보내는 다섯 명을 모아 평균을 내는 방법이 있다고 한다. 그러니 만약 내가 더 나은 이가 되어 더 나은 삶을 살고 싶다면 그런 이들을 가까이하려고 노력해야 한다. 그런 점에서 임효영 작가와 한승무 작가는 내가 닮고 싶고, 또 가장 가까이하고 싶은 다섯 명에 속하는 이들이다. 그들이 보여주는 예술적 역량은 나를 흥분시키고 그들의 삶의 방식은 나에게 영감을 준다. 일반적인 세상의 잣대로 보면 그들은 마이너 직업군에 속하고 엄청나게 유명한 것도 아니며 많은 세금을 내는 것도 아니다. 그러나 우아하게 가난하고, 내면에 집중해 자신만의 세계를 꾸준히 창조해 나가는 모습, 나는 온전히 그들의 모든 것을 사랑한다.

임효영은 하갤의 첫 번째 작가였고, 그녀는 어느 날 자기 남편도 작가라며 그의 작품들을 소개해 주었다. 그림을 보고 나는 눈 뜬 심 봉사처럼 탄성을 내질렀다. 그렇게 한승무(b.1981)는 하갤의 세 번째 작가가 되었다. 한승무는 홍익대학교 시각디자인과를 졸업하고, 모션 그래픽, 영상 미디어, 일러스트, 그림책, 춤과 사진 등 여러 장르를 전천후로 오가며 호주에서 활동하고 있다. 작가는 20대 시절에 그린 '쿠키런'의 아버지로, 캐릭터를 창조하는 데 천부적인 재능을 가지고 있다. 아이들의 모습에서 영감을 받아 천진함과 엉뚱함, 고집, 자기 세계가 확고한 아이들을 다양한 캐릭터를 빚어내고 있다. 사진집 『숲과 바다 형제 사진』(키치가치, 2021)을 펴냈고, 『학교 가기 싫은 선생님』(노란상상, 2020), 『엄마 아빠의 작은 비밀』(노란상상, 2020)(2021 볼로냐국제아동도서전 올해의 일러스트레이터 선정), 『엉뚱한 기자 김방구』(비룡소, 2022) 등 그림책에 그림을 그렸다.

한승무의 전시는 때마침 출간한 사진집의 사진들로 전시를 꾸렸는데 사진을 인화하고 액자를 만드느라 이미 작가는 수백의 빚을 지고 전시를 시작했다. 하갤의 전시가 작가에게 도움이 되는 못할지언정 손해를 보게 할 순 없었다. 손익분기점에 조금이라도 가까이 가기 위해 드로잉과 디지털프린트 에디션도 판매했는데 전시가 끝나고 모든 수익금을 정리해 보니 액자 비용은 겨우 만회한 정도가 되었다.

"승무 작가님, 다음 전시를 한다면 사진이나 에디션만으론 안 돼요. 사진은 아무래도 소장까지 가기 힘들고, 에디션 프린트는 책정할 수 있는 가격대는 정해져 있는데 반해 제작비를 빼면 남는 게 없잖아요. 그런데 원화는 다르거든요. 캔버스를 사서 그림을 그리시는 게 좋겠어요. 무엇보다 사람들이 작가님 그림을 좋아해요."

미술시장에서 한승무가 가장 빛날 장르는 사진이나 영상, 춤이 아니라, 역시 페인팅이었다. 거기다 그는 색을 굉장히 잘 쓰고 단순하고 강렬하게 인물을 뽑아내는 마력이 있었다. 한승무 그림으로 다시 전시를 하려니 임효영의 그림도 눈에 밟혔다. 그사이 임효영의 그림책이 쌓이며 새로운 작업이 많아졌기 때문에 하갤로서는 그 둘을 묶어 보여주는 것도 새로운 기획이 될 것 같아, 다섯 번째 전시로 그들을 결정했다. 그리고 무엇보다 전시를 통해 전하고 싶은 메시지가 확실했다.

2인전으로 조명하고 싶은 키포인트는 '부부 작가의 삶, 동반자로서의 예술 세계'였다. 프리다 칼로와 디에고 리베라, 오귀스트 로댕과 카미유 클로델, 에드워드 호퍼와 조세핀 호퍼, 임용련과 백남순* 등 수많은 예술가

• 임용련(1901~?)은 배재학당 재학 중 3·1운동에 가담해 중국으로 피신했다가 1921년 미국으로 건너갔다. 예일대를 수석으로 졸업하고 그 부상으로 1년간 유럽 연수를 하던 중 파리에서 만난 화가 백남순(1904~1994)과 결혼했다. 백남순은 1923년 도쿄여자미술전문학교를 거쳐 1928년 프랑스 파리로 유학을 떠나 유럽에서 서양미술을 공부한 국내 최초의 여성 화가다. 1930년에 귀국한 임용련과 백남순은 귀국 후《부부전》(1930)을 여는 등 세간의 주목을 받았고 평안북도 정주에 정착해 오산고보에서 교편을 잡았는데, 이때 재학 중이던 이중섭을 지도하며 화가의 길로 이끌기도 했다. 광복 직후 곧 돌아갈 생각으로 모든 그림을 두고 남하해 불행히도 북에 있던 모든 작품이 유실되었고, 임용련은 한국전쟁 중 행방불명되고 말았다. 이후 백남순은 미국으로 떠났다. 식민지 시대 미국과 유럽의 선진교육을 받았던 두 부부 작가는 분단과 전쟁이라는 격동의 역사 속에서 제대로 꽃을 피우지 못하고 안타깝게 시들었다.

커플의 이야기가 무수한데, 대개는 막장으로 치달으며 고통받거나, 정도의 차이는 있지만 페미니즘의 관점에서 한쪽이 억압받고 희생당하거나, 시대의 비극으로 슬픈 엔딩으로 끝나는 경우가 많다. 나는 상생하는 부부 작가의 이야기를 해보고 싶었다.

임효영 작가는 이미 차곡차곡 전시 준비를 하고 있어 걱정되지 않았는데, 한승무 작가의 작업에선 좀처럼 진척이 느껴지지 않았다. 줌 회의를 하면서 한승무 작가를 채근했다. 아직 캔버스도 사지 않은 거냐며 빚쟁이처럼 독촉을 했다. 그런데 화면 속 한승무 작가의 표정은 어두웠다. 마냥 좋아하는 그림만 그리기엔 전업 작가로서의 삶이 힘에 부친다며 급기야는 눈물을 흘렸다. 그는 예술가이지만 또한 두 아이의 아버지이기도 한 가장이었다. 안정적으로 돈을 벌 수 있다며 정육 발골 기술을 배워볼까 한다고 했다. 그림 붓을 잡아야 할 작가 손에 칼이라니 그러다 만약 손이라도 다친다면? 그 이야기를 듣는데 무척 속이 상해서 그러지 말고 한 번만 전시를 해보자고 설득했다. 시내에 나가서 캔버스와 물감을 사 와라, 내가 무조건 한 점을 사겠다, 하지만 장담컨대 분명히 너의 그림을 좋아할 사람들이 나타날 것이라고, 그러고도 작가의 길이 아니라면 그때 고기 뼈를 발라내면 되지 않겠느냐고. 작가는 이듬해 봄 17점의 캔버스 그림을 항공 택배로 보내왔다. 그즈음 작가의 삶은 무척이나 어려웠을 텐데 선금은 주지 못했다. 나도 그림을 사려면 돈을 벌어야 했기 때문에 문화재정책연구원(현 문화유산정책연구원)의 위탁 연구과제에 합류해 밤을 새워가며 '아르바이트'를 했다.

임효영과 한승무는 부부이자 동료이며, 각자의 작품 세계를 일궈나가는 예술가이다. 또한 그들은 가장 중요한 예술적 영감의 원천인, 태양을 쐬며 자라난 아이들을 동일한 뮤즈로 공유하고 있다. 두 작가의 화풍만큼 서로 다른 성격을 가진 두 아들과 함께 틈틈이 일상을 일구며, 삶과 예술의 명확한 경계 없이 그때그때 역할을 바꿔가며 예술가의 삶을 지속해 왔다. 더 바쁜 마감의 작업을 해야 하는 이가 작업실로 들어가면, 나머지 한 사람은 아이들을 돌보는 역할로 스위치를 한다. 유연하고도 완벽한 공동육아 속에서 서로의 예술 세계를 지속하는 톱니바퀴 같은 협력자의 관계이자, 서로에게 첫 번째 관객이며 첫 번째 비평가이다. 누가 누구를 밟지 않고 공존한다는 게 얼마나 어려운 일인지 우리는 잘 알고 있다. 그들은 그러한 삶에서 예술적 소재들을 건져 올렸다. 조금만 더 자세히 그림을 들여다본다면, 매체나 표현 방식은 다르지만 그들이 같은 그림을 그리고 있다는 것을 알게 된다. 그림들은 하루하루 더없이 청량하고 선량하게 삶을 관통하며, 나와 다를 것 없는 평범한 일상의 감성을 싱그럽고 다양하게 포착해 냈다.

전시를 준비하는 동안 서울은 겨울이었지만 그들이 있는 호주는 여름이었기 때문에 그림을 모아놓고 보니 모두 여름과 그 경계의 그림이었고, 하갤에서 그림을 펼치려니 다시 여름이 다가오고 있었다. 임효영 그림의 제목이기도 한 〈여기서부터 여름〉에서 눈이 머물렀고, 그대로 전시 제목으로 가져왔다. (제목 장인 임효영 작가에게 감사를!) 여름의 생명력과 활기를 담은 그림들 속엔 우리의 마지막이 될지도 모를 최선의 시간과 후회 없이 불사른 희망을 담아냈다. 그렇게 《여기서부터 여름》과 함께한 하갤의 그해 여름은 생애 가장 뜨겁고도 바쁜 여름이 되었다.

나는 한승무의 그림을 무조건 한 점 사겠다고 했지만, 결국 《여기서부터 여름》에서 그의 그림을 사지 못했다. 한승무 작가의 그림이 모두 팔려버려 내 몫의 그림이 남지 않았기 때문이었다. 내 그림은 전시가 끝나고 다시 의뢰해 겨울이 되어서야 받을 수 있었다. 큰소리는 쳤지만 내심 마음을 졸였던 나에겐 기대하지 않았던, 믿을 수 없는 결과였다. 하지만 이 전시에서 가장 기뻤던 순간은 한승무 작가가 "그림을 그렸던 순간들이 너무 행복했고, 계속 그림만 그리고 싶다는 생각이 들었다."라는 이야기를 했을 때였다. 그의 말에 코끝이 찡해졌다. 부부 예술가의 삶은 우리의 생각 이상으로 고단할지 모른다. 하지만 톱니바퀴 혹은 씨실과 날실처럼, 삶과 예술을 하나의 그림으로 직조해 나가는 이 두 작가의 예술 세계는 그저 한없이 기대될 뿐이다.

사랑보단 느린 날

한국의 미술계에서 9월은 가장 분주하고 화려한 시기이다. 미술계의 모든 눈이 향하는 키아프 서울Kiaf SEOUL•과 프리즈 서울FRIEZE SEOUL••이 열리고, 격년으로 열리는 미술계 가장 큰 행사인 여러 비엔날레•••들이 개최

• 2002년부터 시작된 키아프(KIAF)는 한국국제아트페어(Korea International Art Fair)의 약자로, 한국화랑협회가 주최하는 국내 최대 규모의 아트페어이다.
•• 프리즈(FRIEZE)는 2003년 런던에서 시작된 세계 3대 아트페어 중 하나로 꼽힌다. 프리즈 런던, 뉴욕, LA 등에 이어 2022년부터 아시아 최초로 서울에서 개최되고 있다.
••• 광주비엔날레, 부산비엔날레, 서울미디어시티비엔날레, 서울도시건축비엔날레, 경기국제도자비엔날레 등이 가을에 열린다.

되기 때문이다. 액자를 만드는 데 보통 일주일이 걸리는데 8월에 액자 주문을 하면 한 달이 넘게 걸리거나 주문을 받지 않는 일도 허다하고, 9월은 작품 운송을 위한 차량을 예약하기도 힘들다. 들썩이는 미술계의 파티장 소식이 하도 요란해, 같은 시기에 오픈하는 하갤의 전시는 상대적으로 소외감을 느낀다. 태풍처럼 모든 관심이 특정 행사들에 쏠려버리니, 차라리 9월은 전시를 피해 갈까 생각도 든다. 하지만 그럴수록 마음을 다잡는다. '백 명의 관객'을 위한 가장 작은 로컬 전시이자 가장 다정한 전시로, 하갤은 하갤의 방식대로 묵묵히 전시를 만든다.

2023년 9월에 열린 하갤의 아홉 번째 전시 작가는 정화백 작가였다. 우연히 전시장에 갔다가 작품의 온기가 너무 인상적으로 남아서, 작가에게 만나고 싶다는 청을 해 7개월 전 어렵게 섭외를 성사시켰다. 미술시장에서 달아오르는 작품들의 특정 경향이 있고 비엔날레나 미술관 작품들의 무게와 깊이감도 인정하지만, 결국 내 옆에 두게 되는 그림에 가장 바라는 것은 따스함일 때가 많다. 그런 점에서 정화백의 그림은 겨울에 꺼내

입는 니트 같은 촉감이 있다.

> "사소하고 따뜻한 순간들에 관심이 많습니다. 살다 보니 정작 삶을 이루는 것들은 거창한 이벤트가 아니라 작고 사소한 것들이라는 사실을 알고부터는, 반짝이는 찰나의 순간들을 영원히 붙잡아 두고 싶어 그림으로 기록합니다."
>
> 정화백의 작가 노트 중

작가 정화백(b.1983)은 대학에서 의류학을 전공하고 10년이 넘는 회사 생활을 하다가 뒤늦게 전업 작가로 전향했다. 본명인 정선형으로 이름 적힌 사원증을 걸고 회사를 다닐 때도 계속 그림을 그렸다고 한다. 평일엔 회사에서 옆자리 동료의 얼굴을 그렸고, 주말이면 홍대 플리마켓에 나가 그림을 그렸다. 친구는 그런 작가를 '정화백~'이라고 불렀는데 그게 듣기 좋아 그대로 작가명으로 쓰게 되었다. 그렇게 작가는 정화백이 되었다.

작가의 작업실은 살고 있는 아파트이다. 동향의 오래

된 아파트 2층, 거실 반대편의 조그만 방 한 칸. 작가는 그 작업실을 '내 방 작업실'로 부른다. 작업을 위해 마련한 공간인 만큼 출근하는 기분으로 방문을 연다. 세수를 하고 화장을 하고 적당한 긴장감을 가진 채 작업실로 출근해 따뜻한 커피 한 잔을 내린다. 가장 느긋한 곳에서 느긋해지지 않기 위해 노력하며, 그림을 그린다.

작업의 소재는 일상적이고 개인적이다. 온기의 순간을 마주하면 작가는 재빨리 사진을 찍거나 이미지를 스크랩해 기억 폴더에 저장한다. 그러다 영감이 찾아오면 그 기억을 꺼내 콜라주하고 재구성한다. 작업의 매체는 페인팅과 일러스트, 실크스크린 등 다양하게 활용한다. 작가는 삶을 사유하는 관찰자의 시선으로 작가가 바라는 순간들을 그린다. 또한 그렇게 그려진 그림의 장면 장면은 바라보는 이들마다 각자의 이야기로 읽혀지길 바란다.

하갤의 전시 《사랑보단 느린 날》(2023.8.28.~9.22.)에서 소개된 전시의 메인 주제는 '허그미 Hug me' 시리즈였다. 전시에서 가장 주가 되는 '허그미'는 부드러운 곡선과

둥근 양감의 포근한 감성의 인물들이 등장하며, 소파나 커피, 캔들 등 편안한 일상의 오브제가 그림 속 따뜻함을 배가시킨다. 작가의 모든 작업을 관통하는 정서는 무해한 '따뜻함'이다. 작가 노트에서 눈을 사로잡는 문구가 있었다. '남을 아프게 하는 그림은 그리고 싶지 않다'. 단호하기까지 한 작가의 이 말은, 그림을 대하는 작가의 선한 의지와 태도를 잘 드러낸다는 생각이 들었다. 그 외에도 '블뤼Bleu', '오렌지 실루엣' 시리즈와 작가의 자화상과 커피가 있는 일상 등이 함께 소개되었다.

전시를 하는 동안 벽에 걸린 그림들 외에도 관객들이 많은 시간을 보낸 장소는 작가의 드로잉, 작업노트, 사진 들이 놓여진 테이블 위였다. 정화백이 전업작가가 되기 전 여행지나 카페에서 끄적이던 수많은 드로잉들을 관객들은 천천히 들여다보며 미소 지었다. 그림은 나와 다르지 않은 평범한 일상 혹은 여행지에서의 특별한 추억과 감성들을 담고 있었다.

우리는 알고 있다. 우리의 삶에 사랑으로 완벽하게 충만한 날들이 실상 그렇게 많지 않다는 것을. 우리의 날

들엔 '사랑보단 느린 날', 고통과 우울의 시간들이 훨씬 많다는 것을. 그래서 우리에겐 온기와 위로가 필요한 것일지도 모르겠다. 정화백의 그림들이 '사랑보단 느린 날', 보통의 평범한 날들을 묵묵히 살아갈 용기를 건네고 다정한 위안이 되어주길.

지각되지 않는 것

'하우스갤러리2303'에는 작은 생쥐 한 마리가 살고 있다. 그 쥐는 2024년 《그 숲에서 부는 바람》의 전시가 끝나고 소장하게 된 맹욱재 작가의 도자 작품이다. 도자 오브제이자 작은 설치 작품이기도 하지만 실제 쥐 크기에, 사실적인 조형성을 가지고 있어 언뜻 보면 집의 침입자로 오해할 만하기도 하다.

하갤의 열한 번째 전시였던 《그 숲에서 부는 바람》(2024. 9. 2. ~ 10. 18.)에 온 손님들 중 쥐를 발견한 이들의 반응은 보통 둘로 나뉜다. 에구머니나 소리를 지르며 얼굴을 찡그리는 이들이 있는가 하면, 여기 쥐가 있다며

(살아 있는 쥐는 아니라는 걸 인지한 상태에서) 깔깔거리며 재미있어하는 이들도 있다. 유독 쥐는 인간이 싫어하는 동물이다. 인류의 대재앙으로 꼽히는 중세 유럽 페스트(흑사병)의 원인이 바로 쥐였는데, 페스트는 당시 유럽 인구의 30~60%가 사망했을 정도로 엄청난 파괴력을 보였다. 그래서인지 쥐는 더럽고 해로운 존재로 사람들의 공포심을 자극해 왔다. 1950년에 태어난 우리 어머니는 세상에서 끔찍하게 싫은 게 쥐라고 말씀하셨다. 학교 숙제로 죽은 쥐 꼬리를 제출해야 했던 어머니 세대에게 쥐는 한국 근현대사의 힘들고 가난한 기억이자 집단적 트라우마가 아닐까. 하갤의 관객들을 살펴보니 그들 세대에 비교해 1970년대 이후 출생자들은 '쥐'를 보고도 조금은 더 너그러운 반응을 보였다. 그들은 실제로 쥐를 마주칠 일이 거의 없이 자라났고, 대신 〈미키마우스〉나 〈라따뚜이〉 같은 '쥐'를 주인공으로 하는 애니매이션을 보며 성장한 이들인 것이다. 전시장의 쥐 몇 마리로 관객들의 반응은 무척이나 요란했다.

맹욱재(b.1976)는 경희대와 동 대학원에서 도예를 전공하고, 스웨덴 H.D.K. 예테보리 대학원을 거쳐 국민대에서 박사 학위를 취득했다. 덴마크, 캐나다, 미국, 대만 등 여러 국제 아티스트레지던시에 참여했고 국내외 도자비엔날레와 미술관에서 작품을 발표해 왔다. 한편 'SKOG Art & Craft'를 론칭해 생활 도자기를 선보이며 대중적 소통에도 노력하고 있다.

맹욱재 작가의 주 매체인 도자는 세상을 이루는 4원소인 공기와 물, 불, 흙이 결합된 예술이다. 흙으로 만들고 불로 굽는 소성● 과정을 통해, 모든 불순물은 제거되고 돌처럼 단단하게 물성이 변한다. 무광의 백색을 머금고 완전무결하게 작가가 빚어낸 메시지는 자연과 인간의 공존, 생명의 관계, 환경 변화의 문제의식에 관한 것이다.

하갤은 맹욱재 작가의 작품 세계 전반을 보여주기 위해 대표적 시리즈의 주인공 동물들을 소개하고자 했다. 경기세계도자비엔날레, 청주국제공예비엔날레, 영국도자비엔날레, 대만도자비엔날레, 문화역서울284,

---

●   가마에서 벽돌이나 도자기를 구워 만듦.

국립민속박물관 등에서 선보인 〈백색 숲White Forest〉 시리즈, 〈정원A Garden〉 시리즈, 〈상상Thinking of Each Other〉 시리즈에 등장한 사슴, 개구리, 새, 수달, 토끼, 쥐가 선별되었다. 작품들은 하나의 오브제이면서 또한 설치미술로 인간이 살고 있는 집이라는 맥락의 공간에 새롭게 등장했다. 뿔 위에 새들이 앉아 있는 사슴은 벽 위에, 수달은 화분이 즐비한 베란다 한쪽 자라가 살고 있는 수조 옆에 위치했다. 날개 달린 개구리는 창가 풍경*의 일부가 되었다. 하갤에 온 쥐는 모두 일곱 마리였는데 다섯 마리는 침대맡 옷장 위에, 두 마리는 천장 구석에 놓였다. 실제 쥐 가족들이 무리 지어 있음직한 공간이기도 했다. 덕분에 전시가 지속되는 중에 나는 실제 살아 있는 동물들과 함께 기거하고 있는 것 같은 생각이 들었다.

작가가 처음 쥐를 작업하게 된 계기는 2014년 어느 날 작업실에 나타난 쥐 한 마리 때문이었다. 쥐를 본 작가는 당황했지만 어떻게든 잡아야 한다는 생각에 오랜 시

---

* 처마 끝에 다는 작은 종.

간 쥐와의 사투를 벌였는데, 마침내 코너 선반에서 더 이상 도망갈 곳 없는 쥐를 마주하게 되었다. 아주 짧은 순간이었지만 쥐와 눈이 마주쳤고, 쥐의 눈망울 속에서 두려움에 떨며 살고 싶어하는 생의 간절함을 읽었다. 순간 인간의 관점에서 행하고 있는 폭력에 대해 생각하게 되었다고 했다. 작가는 그때의 강렬한 경험을 잊을 수 없었다. 그즈음 청주국제공예비엔날레에 초대받은 작가가 전시장인 연초제조창* 공간을 둘러보는데, 순간 버려진 공장의 원래 주인은 쥐들이었겠다는 생각이 들었고, 그 모습을 작업의 주제로 삼게 되었다. 버려진 공장을 가득 채운 쥐를 만들며 〈지각되지 않는 것〉이라는 시리즈 제목을 붙였다. 쥐는 불편한 것, 보고 싶어하지 않는 것, 소멸되어 마땅한 것, 이렇듯 인간의 관점에서 폭력을 휘두르고 있다는 점을 지적하고자 했다.

전시 후반부, 전시장을 찾은 주영신(b.1972) 작가가 〈지각되지 않는 것〉 시리즈에 크게 공감했다. 주영신

---

* 청주시 소재 옛 담배 공장의 가동이 끝나고 청주국제공예비엔날레 전시장, 국립현대미술관 청주관 등으로 변모했다.

작가는 눈에 보이지도 만질 수도 없는 신체의 내부 기관(장기)들이나 세포를 회화로 풀어낸다. 사람들은 보통 장기를 징그럽다고 생각하고 보고 싶어 하지 않는다. 주영신이 그리는 장기는 실제의 모습을 재현하는 방식이 아닌 아름다운 추상에 가깝고, 사실이면서 허구이기도 하다. 때로 암세포나 병든 장기를 그리기도 하는데 인간의 눈에는 제거해야 할 것들이지만 그것들 나름이 가진 생명성에 대한 측면도 이야기하고자 한다. 즉 인간의 시선과 판단이 아닌 장기의 입장에서 생명을 바라보는 관점을 담고 있다. 주영신 작가는 장기 그림과 쥐 작품이 사실은 같은 주제의식을 가지고 있다며, 쥐를 바라보는 작가의 관점이 반갑다고 했다. 그리고 그녀는 쥐 두 마리를 작업실로 가져가고 싶다며 컬렉션을 결정했다. 작품으로 공명하는 두 작가의 만남을 보는 것도 나에겐 흥미로운 기억으로 남았다.

하갤도 결국 작은 쥐 한 마리를 입양했다. 처음엔 조금 징그럽다고 생각했지만 전시를 하며 어느새 정이 들어버렸던 것이다. 〈지각되지 않는 것〉에 대해 두고두고 생각해 볼 요량이기도 했다.

작고 소중한, 그래서 내 곁을 지켜줄

영국의 소설가 조지 기싱이 어느 날, 막 배가 고픈 저녁 시간에 책방을 지나다 오랫동안 갖고 싶어 했던 책을 발견하고 걸음을 멈추었다. 눈독을 들여 오던 그 책의 가격은 6펜스, 저녁 한 끼인 고기와 야채 한 접시 값이었다. 가난한 예술가의 호주머니에는 딱 그만큼의 돈이 있었는데, 동시에 그의 전 재산이기도 했다. 한참 고민하던 그는 결국 책값을 치렀다. 두 손으로 책을 가슴에 안고, 뛰는 가슴을 억누르며 집으로 돌아가는 길엔 어쩔 수 없이 몹시 배가 고팠으리라. 그는 그래도 행복했노라고 훗날 그날을 회상했다고 한다. 책을 좋아하고 사랑하며, 애써 책을 사서 모으는 사람들을 우리는 보통 애서가로 부르는데, 그 정도가 심하면 책벌레, 서치(書癡)*, 서광(書狂)**이라고도 한다. 요즘은 통칭해 '덕후'라는 말이 두루 쓰이니 '책 덕후'라고 해도 좋겠다. 이들에게 책을 사 모으는 일만큼 즐거운 일이 또 있을까? 그 궁극의 사랑 끝은 어떤 모습일까?

2009년 나는 한 매체의 인터뷰 의뢰를 받고, 한 '끝장 애서가'를 만나게 되었다. 그것은 애서가 수준엔 한참 미치지 못하지만 책을 좋아하는 나에게 무척 인상적인 경험이었다. 우리나라 가사 문학 연구의 대가이자 국민대 명예교수인 이상보(1927~2020) 박사의 집에 책 구경을 가게 된 것이다. 그는 서가 문을 여는 대신, 먼지 앉고 낡은 여행 가방 몇 개를 꺼내 놓았다. 그는 우리나라의 몇 안 되는 '좁쌀책' 수집가였다.

"나도 모르겠소, 몇 권이나 가지고 있는지. 말 그대로

---

* 글 읽기에만 온 정신을 쏟고 다른 일은 돌아보지 아니하는 어리석음. 또는 그런 사람.
** 어떤 부문의 학문을 연구하기 위해서가 아니라 단순히 취미로 책을 사들이는 버릇이 있는 사람. =서적광.

부지기수야. 한 2천 권 될까?"

소장하고 있는 좁쌀책이 몇 권이냐고 물었더니, 모두 구경하기 힘들 것 같아 특별히 아끼는 녀석들로 골라 놓았다며 가방 두 개를 열어 보였다. 낯선 이의 방문에 어색함이나 거리감 하나 없이 나를 잡아끄는 그의 눈은 어린애처럼 반짝이고 있었다.

어서 와 이것 좀 보라는 듯 신이 난 그가 이끄는 대로 다가간 나는 이내 탄성을 질렀다. 가방을 열자 마치 미니어처 세상이 펼쳐진 것처럼 책시렁 수십 칸에 꽂혀 있는 작은 좁쌀책이 나타났다. 눈이 커지고 손발이 오그라들며 벌어진 입 사이에선 온갖 감탄사가 쏟아져 나왔다. 손바닥만 한 책, 성냥갑만 한 책, 심지어 손톱처럼 작은 책까지, 이렇게 '아담하고 귀엽고 사랑스러운' 책들이라니. 크기도 모양도 언어도 장르도 여럿인 각양각색의 책들은 마치 누가 누가 더 깜찍하고 특별한가 뽐내고 있는 것만 같았다. 한 줌에 드는 그 앙증맞음은 내 감성을 먼저 자극했고, 이러한 책을 만드는 게 가능한가 싶어 놀랍고도 신기할 뿐이었다.

집으로 간 그림

'좁쌀책'이라는 말은 1990년에 한국고서연구회에서 가로 7cm 세로 9.5cm 크기의 『좌우명』이란 책을 발간하면서 처음 붙였다. 일본에서 크기가 콩만 하다는 뜻으로 마메혼(豆本), 즉 '콩책'이라 부르기에 이에 질세라 우린 더 작게 '좁쌀책'이라 이름을 붙였다고 한다. '작은 책'의 역사는 동서를 막론하고 오랜 시간을 거슬러 올라간다. 처음에는 책을 사랑하는 마음에서 비롯되어 필요한 책을 언제나 가까이 두고 보기 위해서 되도록 작게 만든 것이 시초였다고 한다. 사랑하는 사람과 언제나 함께 있기를 바라는 심정과 같은 것이다. 물론 실용성도 한몫했을 것이다. 주로 의학책이나 지도책과 같은 실용서와 불경, 사서삼경 등이 좁쌀책으로 만들어졌다. 현존하는 세계에서 가장 오래된 목판 인쇄물로 알려진 『무구정광대다라니경』은 우리나라에서 가장 오래된 좁쌀책이기도 하다. 그 크기는 너비 약 8cm, 폭 6.5~6.7cm에 전체 길이 620cm인 두루마리이다. 서양의 좁쌀책은 미니어처북, 줄여서 미니북 혹은 리틀북, 스몰북이라고도 하는데 현재까지도 다양한 미니어처북이 만들어지고 있다.

이상보 박사가 처음 좁쌀책을 발견한 것은 수십 년 전, 하바롭스크에서 상트페테르부르크까지 가는 시베리아 철도 여행 중에서였다. 우연히 좁쌀책을 접한 그는 열차가 서는 도시마다 책방을 뒤져 무려 2백 권이 넘는 좁쌀책을 사 모았다. 서울로 돌아와서는 러시아어를 전공하는 학생에게 꼬박 이틀 밥을 사 먹여가며 좁쌀책들을 리스트로 만들어 정리했다. 그 뒤로 그는 좁쌀책을 모으기 위해 해외에 갈 때마다 책방을 뒤졌고, 그의 좁쌀책 사랑이 주변에까지 소문이 나 제비 박씨처럼 물어오는 지인들까지 더해져 2천여 권에 이르게 되었다. 좁쌀책 한 권 한 권마다 추억과 스토리가 담겨 있다고 했다. 돋보기안경을 연신 곧추세우며, 좁쌀책을 어루만지는 그의 손에서는 한평생을 책과 함께해 온 늙은 노학자의 시간과 애정이 묻어났다.

"일본이나 유럽, 러시아에서는 좁쌀책을 전문으로 만드는 출판사들도 많고, 수집가들도 많아요. 우리나라에선 좁쌀책 구하기가 힘들어. 그도 그럴 것이 내가 1999년에 『인도차이나 역사기행』이라고 좁쌀책, 정확히는 '손바닥책'을 냈는데, 출판사에서 한 번 내더니 다신 안 내려고 합디다. 내가 책값은 3천 원 미만으로 해야 한다고 했더니 수지 타산도 안 맞을뿐더러, 책이 분실될 위험이 높아서 관리하는 게 힘들다는 거야."

좁쌀책이 활성화된 나라는 인쇄술과 제본술 등 출판 기술의 척도를 보여줄 뿐만 아니라 주로 애서가가 많고 책에 관한 관심과 애정도 높기 마련이다.

"이젠 눈이 침침하오. 이 나이가 되니 사실 책의 글씨도 잘 보이지 않아. 이제는 슬슬 책을 정리할 때가 된 거지. 평생을 모아온 책들은 학교 도서관에 기증했다오. 트럭으로 몇 대에 실었나 몰라. 그러고 나니 책장이 비었잖소? 그래서 책장은 '아름다운가게'에 기증하려 한다오. 허허허. 그런데 이 좁쌀책들은 도저히 못 놓겠어. 내게 남은 책은 이제 이것들뿐이야. 끝까지 버리지 못하는 욕심인가 보오."

노학자는 한평생 공부하고 모아온 3만여 권의 책을 모교에 기증했다. 인간의 한평생은 기껏 한 세기, 그러나 책은 다음 세대에 전해짐으로써 무시간성의 생명력을 지닌다. 그렇게 그는 자신이 사랑했던 책에 더 긴 생명력을 불어넣었다. 그러고도 끝까지 놓지 못하는 그의 책 사랑이 한 줌 좁쌀책으로 남았다.

좁쌀책은커녕 종이책의 안위를 걱정하는 요즘이 되었다. 그러다 '좁쌀책 수집가'를 다시 떠올리게 된 계기는, 하갤을 운영하며 만나게 된 사람들 때문이었다. 많은 사람이 집에 그림을 들이고 싶지만 저어하는 가장 큰 이유로 '돈'이 아니라 '공간'의 부재를 꼽는 경우가 생각보다 많다는 것을 알게 되었다.

"우리 집은 그림을 놓을 자리가 없어요, 도저히 빈 벽이 없거든요."

그렇다. 그림을 소유한다는 것은 값을 치를 돈뿐만 아니라, 지속적이고 안정적인 공간을 필요로 한다. 하얗고 빈 벽이면 더 좋고, 벽은 크면 클수록 더 좋다. 문제는 그런 여유 있는 벽을 가진 사람이 얼마나 될 것인가, 하는 것이다. 집은 항상 작기 마련이다. 특히나 집 안의 공간을 채우기는 쉬워도 비우기는 어려우니, 대개는 그림을 위한 공간 자체가 언감생심이라고 생각한다. 하긴 하갤 역시 항상 그림을 위한 공간을 찾기 위해 머리를 쥐어뜯으며 가구를 재배치하고 살림을 정리하며 고군분투하고 있는 것을.

하갤의 사심 가득한 '작고 소중한' 작은 그림 기획은 그렇게 시작되었다. 나는 노학자의 책 사랑이 축약되어 가방에 담긴 좁쌀책을 떠올렸고, 이내 손바닥 크기의 그림 정도라면 공간의 문제를 뛰어넘고 '좁쌀책'에 필적할 수 있겠다고 생각했다. 미술관처럼 큰 벽은 아니어도 마음먹으면 어느 정도 마련할 수 있는 작은 크기의 벽, 온전한 벽이 아니더라도 서랍 위, 침대 위, 혹은 책장 한쪽이어도 좋을 공간에 쏙 들어갈 그림. 그리고 그 작은 공간에서도 충분히 그림이 놓일 수 있고, 빛날 수 있다는 메시지를 전하고 싶었다.

2024년 《맹욱재×이고운 2인전 - 그 숲에서 부는 바람》(2024.9.2.~10.18.) 전시를 준비하며 이고운 작가와 함께 "평범한 우리의 일상을 함께할 수 있는 '작고 소중한' 작품"에 관해 논의했다. 내용적으로는 따뜻한 그림을 그리면서도, 항상 관객들에게 다가가는 방법에 대해서도 고민하는 작가인 만큼, 열성적으로 맞춤형 작품을 준비했다. 장미가 피는 봄에 시작된 기획은 소슬바람이 불기 시작한 가을에 펼쳐졌다. 이고운 작가는 새로운 '하우스갤러리2303'을 상징하는 〈장미〉를 비롯해, 〈캐모마일〉, 〈작은 열매(마가목)〉, 〈작은 별〉 등 숲과 정원의 한 조각을 일상의 작은 공간으로 이전시키며 향기를 더했다. 아끼고 귀히 여겨 내 곁에 두고픈, 내 안에 담고픈 그 무언가, 그런 간절한 애정이 듬뿍 담긴 사랑스러운 그림들로 말이다.

그림의 크기와 감동이 비례하는 것은 아니다. 손바닥만 한 그림일지언정, 그림이 뿜는 빛과 힘은 결코 작지 않다.

열어지고 사라지는 것

1998년 서울로 유학을 왔던 나는 반포의 큰고모 집에서 학교를 다녔다. 끽해야 15층쯤 건물이 가장 높은 스카이라인의 주인공이었던 지역 소도시에 살다가 서울에 상경하니, 나는 그야말로 도시에 온 시골 쥐 그 자체였다. 서울에 대한 첫인상으로 지금도 생생하게 기억나는 것 중 하나는, 내가 타고 온 새마을호의 종착지였던 서울역을 나와서 처음 마주친 대우빌딩(현 서울스퀘어)이었다. 나는 그만 '위풍당당한' 대우빌딩에 압도당해, 발걸음을 멈추고 한참 건물을 '올려다보았다'(영화나 드라마에서 보이는 이 클리셰한 장면은 진짜였다). 입도 조금 헤벌렸던 것 같다. 짐가방을 들고 뒤에 서 계시던 아빠가 나를 툭툭 치며 작게 말씀하셨다.

"창피하다, 그만 좀 올려다봐라."

고맙게도 큰고모는 형편이 어려운 조카의 서울 보호자를 흔쾌히 자처해 주셨다. 고모의 자식들은 모두 장성해 독립한 지 오래였으므로, 큰 집에는 고모와 고모부 두 분이 살고 계셨다. 새 주인을 맞이하려 깨끗하게 치워진 방에는 고모가 어디서 구해오셨는지 오래된 나무 책상도 하나 놓여 있었다. 아끼던 책들을 상자 하나에 넣어 들고 왔던 나는 책들을 그 책상 위에 배열하며, 여기가 이제 내가 새롭게 시작할 터전이구나 생각했다. 겉으론 엄격하지만 속마음은 정이 가득한 고모와 츤데레 그 자체인 고모부 집에서 그렇게 낯선 서울 생활을 시작했다. 고모는 나에겐 거의 할머니뻘이었기 때문에 고모의 손주들(즉 나의 조카들)이 내 또래가 많았다. 열두 명의 조카 중 일곱 명이 나와 비슷한 또래의 대학생이었다. 수시로 할머니 집에 드나드는 그들은 나를 '언덕 이모', '언덕 고모'라고 불렀다. 우리는 금방 친해졌다. 서울에서 만난 대학교 친구들도 좋았지만, 고모 집의 그 시끌벅적한 다정함 속에서 나는 '서울'에 대한 불안함이나 두려움 따위의 감정들을 모두 녹여내고, 수월하게 '서울 사람'으로 정착할 수 있었다.

대학교 3학년쯤 되었을 때였는데 어느 날부터인가 칸트처럼 일정한 생활 패턴을 가지고 계셨던 고모부의 퇴근 시간이 일정치 않아졌다. 한참 늦은 시간에 머리칼이 헝클어져 집으로 들어오기도 하셨다. 고모부에게 치매가 찾아오고 있었던 것이다. 고모부는 더 이상 손님이 오지 않는 치과를 정리하고 집에 계시는 날이 많아졌다. 어쩌다 외출을 하시면 어두워져도 집으로 돌아오지 못하는 고모부를 찾는 곳이 경찰서가 되기도 했다. 고모부는 집에 돌아오기 위해 애쓰신 흔적이 역력했다. 넘어져 다치고 옷은 엉망이었고 머리도 헝클어지고, 눈빛은… 어땠던가. 나는 고모부 눈을 마주하기가 어쩐지 죄송스러워 눈을 마주칠 수 없었다. 치매와 함께 암까지 생겨나 고모부는 결국 내가 4학년 때 돌아가셨다. 성실하고 태산 같았던 한 사람의 인생이 그렇게 사그라졌다.

하갤의 두 번째 전시는 정경자 사진전《FOUND 2020-아무것도 아닌 것들이 건네는 이야기》(2020.12.11.~2021.2.26.)로 엮었는데, 3년 후 10회 그룹전《삶으로 들어간 예술》(2023.12.4.~2024.1.19.)에서 다시 정경자 작가를 소환했다. 두 번의 전시에서 여러 시리즈를 보여주었지만, 그중에서도 내가 좋아했던 시리즈는 2019년도 작품인 〈So, Suite〉 연작, 일명 '호텔 시리즈'였다. 정경자 작가의 〈So, Suite〉는 서울의 한 호텔 스위트룸●의 다양한 공간 인상을 사진으로 채집한 시리즈이다. 당시 작가는 치매에 걸리신 아버지를 보고, 육체는 그대로이나 점점 기억을 잃어가는 모습에서, 어제의 기억은 지우고 늘 '오늘'의 모습으로만 존재하는 호텔 공간을 바라보았다고 한다. 즉 호텔이라는 물리적 공간의 특성을 '기억'의 소멸과 빗대어 바라본 작업이다. 기억이 없으니, 따라서 상처도 슬픔도 없는 '무'의 상태, 〈So, Suite〉는 소외되고 버려진 것들을 포착하는 정경자 작가 특유의 시선이 잘 느껴진다. 이 시리즈는 국

● 호텔의 스위트룸은 흔히 생각하는 'sweet'가 아닌 'suite'의 뜻이다. 'suite'는 '일련의 방' 또는 '세트'라는 뜻으로, 주로 거실 또는 응접 공간과 침실이 분리되어 있는 넓고 고급스러운 객실을 의미한다.

립현대미술관 미술은행에 세 점, 전남도립미술관에도 세 점이 소장되어 있다.

〈So, Suite〉는 아름다운 공간을 찍은 사진이 아닌, 사실은 나의 고모부, 작가의 아버지, 결국은 우리 인간 그 자체의 유한한 삶, 바스러지는 모습을 빗대 담고 있는 사진이다. 전시에 왔던 사람들은 이 사진 앞에서 말을 잊고 한참 동안 들여다보곤 했다. 우리는 각자 어떤 이야기를 떠올리고 있는 것일까.

관객 기록 1

세 살 아이가 엄마 품에 안겨 제법 열심히 그림을 보았다. 아이 눈높이에 맞춰 쉬운 이야기도 곁들여 주었다. 집에 갈 시간이 되자 아이는 그림 하나하나에 "안녕! 안녕!" 손을 흔들어주었다. 그 천진하고도 사랑스러운 모습을 나만 보기가 아까웠다. 그림들도 꼬마 손님과의 만남이 즐거웠을 것 같다는 생각이 든다.

'하우스갤러리2303'은 비밀스러운 공간이다. 네이버나 유튜브에서 검색이 되는 것도 아니고, 하다못해 유일한 공식 홍보 채널인 인스타그램 그 어느 곳에도 끝끝내 주소가 나와 있지 않다.

"서울의 한 아파트 23층 3호의 공간(지금은 이사를 해서 9층 9호의 공간이 되었지만), 집에서 전시를 합니다. 전철로 올 수 있고 주차도 가능해요. 관람을 원하시면 메시지 DM를 보내주세요. 시간을 조율해서 관람 예약이 되면 그때 주소를 알려드립니다."

집이라는 사적인 공간을 완전히 열어젖히는 미친 발상에 대한 안전장치로, 대신 주소 정보는 꽁꽁 싸매게 되었다. 뉴스에 나오는 온갖 범죄도 두렵고(나는 상상력이 풍부한 종족이다. 사춘기 때는 추리소설 마니아였다), 초중고 동안 준이 엄마로 살아야 하는 이 동네에서 프라이버시도 중요하기 때문이다.

이런 불친절한 전제가 깔려 있음에도 하갤을 찾는 관객들이 6년 동안 1,700명을 넘어섰다. 전시 기간에 손님이 한 명도 없는 날은 드물다. 보통은 하루 한 건, 혹은 두세 건 방문자와의 약속이 잡힌다. 〈작가와의 대화〉 같은 퍼블릭 프로그램이 있는 날이면 열다섯 명까지 방문객이 오기도 한다. 관객의 수는 많지는 않지만, 대신 한 사람 한 사람 깊이 있는 관람을 가능하게 하는 곳이 하갤의 방식이다. 사실 종이 체력에 가까운 나로선 여러 방문객을 맞이할 깜냥도 되지 않으니 이 수치는 앞으로도 비슷할 것이다.

회사 일로 고단한 남편은 주말에는 항상 늦잠을 자고 아이는 원체 고양잇과라서, 가족들에게 공휴일만큼은 가급적 하갤을 운영하지 않고, 온전하게 집으로만 지켜주겠다고 약속을 했다. 그래서 월요일부터 금요일까지 평일 오전 오후 시간대만 하갤을 운영하게 되었다. 보통의 미술관이나 갤러리라면 주말 이틀의 관객 수가 주중 나흘(보통 월요일이 휴무이니)의 관객 수보다 많은 편이니 나로선 아쉬운 마음이 크다. 하지만 나 혼자의 집이 아니니 가족 구성원들의 마음도 헤아려야만 한다. 그리고 평일 낮의 집을 오롯이 하갤로 운영할 수 있다는 것만으로도 이미 가족들의 지지는 넘치게 충분하고 감사한 일이다.

프로그램의 일시를 정하는 것은 관객을 어떻게 포커싱 focusing할 것이냐 하는 문제와 정확히 일치한다. 아르코 미술관에서 오랫동안 건축학교•를 담당했는데, 그때

가장 오래 고민한 것이 프로그램의 일시를 정하는 것이었다. 주중과 주말에 따라서 프로그램에 참여할 수 있는 직군이 달라지고, 오전과 오후, 저녁 시간대에 따라서도 참가자의 범위가 달라진다. 모든 사람이 접근 가능한 시간대란 없는 것이다. 하갤로서는 선택지가 없었다. 평일 오전 오후 시간대로 정해지니, 남성보다는 여성, 20대보다는 30~40대, 직장인보다는 프리랜서나 전업주부가 대다수를 차지한다. 물론 이런 시간적 제약에도 불구하고 직장인들도 더러 방문하는데 휴가를 내거나 출장 중 잠시 들르는 이도 있다. 최근의 관객 비율을 보면 절반 정도는 처음 관람하는 사람이지만 나머지 절반은 재방문자이다. 하우스갤러리가 천천히 알려지고 천천히 성장한다는 뜻이지만, 한편 두터운 애정의 지지자와 애호가들로 단단해지고 있다는 뜻이기도 하니, 나는 관객들의 이 황금비율에 매우 만족한다.

- 건축학교는 '건축가를 키우기 위한 전문 교육'이 아닌 건축이 가진 인문학, 공학, 예술 등 여러 영역이 통합된 '건축을 통한 교육(Learning through Architecture)'을 목표로 한다. 2012년부터 K12건축학교(홍성천), 한국문화예술위원회, 정림건축문화재단이 공동기획해 어린이, 청소년, 성인을 대상으로 교육을 추진해 왔다.

방문객 중에는 작가나 그림, 전시를 좋아하는 일반 관객들이 절반이고, 또 나머지는 작가나 미술계 종사자들이다. 우리 사회에 미술 애호가들이 엄청나게 증가했다는 걸 하갤을 운영하며 알게 되었다. 일 년에 수백 건이 넘는 전시를 '도장깨기' 하는 프로 관객들도 무척 많고, 식견과 애정이 상당한 관객들과 대화를 하다 보면 내가 배우고 느끼게 되는 순간도 많다.

"저는 제가 미친 사람이라고 생각했는데, 아니, 당신은 저보다 한 수 위인데요? 제가 졌어요!"

이미 미술품을 가지고 있는 컬렉터도 있고, 컬렉팅에 관심을 가지고 있는 이들도 많이 만난다. 그러다 보니 하갤을 통해 내 생애 첫 그림을 소장하게 된 컬렉터의 탄생을 지켜보는 기쁨도 생겨났다. 하우스갤러리라는 새로운 형식에 호기심을 갖는 작가는 미술 작가에 국한되지 않는다. 시인, 건축가, 음악가, 무용가, 디자이너, 그림책 작가 들이 문을 두드린다. 그들은 하우스갤러리 전시에 대해 특별한 피드백을 쏟아내 놀라게 하곤 한다. 그림을 인지하고 전시를 느끼는 감각이 시각에만 국한하지 않는다는 걸 알게 될 때의 놀라움이란! 나와 같은 매개자 영역의 사람들도 많이 방문한다. 큐레이터나 평론가, 미술사가, 기자와 에디터, 문화재단이나 공공기관 종사자, 갤러리와 옥션, 아트페어에서 일하는 이들. 그들과는 전시의 의의, 미술의 의미와 역할 등을 함께 고민하는 대화를 나누곤 한다.

하지만 하갤을 통해 만난 가장 인상적인 사람들은 바로 나와 닮은, 비슷한 연배의 여성 관객들이다. "나는 누구인가, 나는 무엇을 좋아하는가, 나는 어떻게 살아야 하는가." 나는 내가 고민이 많은 사람이라고 생각했는데, 마흔이 넘어서도 사춘기 때와 비슷하게 고민이 많은 나와 비슷한 여성들이 정말 많다는 걸 알게 되었다. 한때는 빛나는 이름을 가지고 있었지만 결혼을 하고 아이를 키우며 나라는 존재가 희석되어 가는 것만 같은 동지들, 혹은 여전히 치열하게 살고 있지만 행복보단 힘든 순간이 더 많은 위기의 동지들. 초면의 우리는 그림이라는 공통의 화제를 앞에 놓고, 함께 울고 웃기도 했다. 그들은 하나같이 진심으로 하갤을 응원해 주었고 내게 한 발을 더 내디딜 용기를 주었다.

관객 기록 2

다양한 계기로 '하우스갤러리2303'을 방문하는 사람들을 만나다 보면 감동스러운 날이 많다. 그 감동을 나 혼자만 누리기엔 안타깝다. 매 전시마다 작가와 공유하는 관객 목록이 있는데, 전시 기간 중 실제 방문자 명단을 실시간으로 업데이트하고 관객이 남긴 주요 피드백은 작가에게도 공유한다.

그 시작은 하갤의 첫 번째 전시 《밤의 숲에서》(2020.7.24.~10.23.) 작가 임효영이 호주에 있어서 한 번도 전시장에 오지 못했기 때문이었다. 작가의 생애 첫 개인전이었는데도 불구하고 말이다. 전시장에 올 수 없는 작가를 위해 수시로 사진을 찍어 보내고 전시에 온 관객들 이야기를 전해주었다. 오늘은 몇 시에 누가 왔고, 이분은 이러이러한 분이었고, 어떤 그림을 좋아했다, 이런 이야기를 나눴다 등등. 전시가 진행될수록 관객과의 대화만큼, 작가와의 대화도 쌓여갔다.

그리고 작가들은 예외 없이 관객들의 작은 피드백 하나하나에도 매우 기뻐했고 고마워했다. 작가들이 눈물을 글썽이던 순간은 작품이 판매되었다는 소식이 아니라, 관객들의 다정한 반응을 전해 들었을 때이다.

전시의 큰 목적은 작가와 작품 세계를 알리는 것이다. 집이라는 공간을 활용해 좀 더 다정하고 친숙하게 그들의 이야기를 전달할 뿐이다. 이야기를 전달하는 동시에 나는 관객들의 표정과 반응을 수집한다. 그 일련의 과정이 하우스갤러리의 핵심이다. 그런 점에서 모두 성공한 전시였다고 생각한다.

"오전에 디자이너 두 분이 오셨어요. 한 분은 아이들이 사암을 긁고 있는 사진이 좋다고 하고, 또 한 분은 바다

수영 사진이 마음에 드신다고 하셨어요. 바다 사진에서 뭔가 아련한 느낌이 난다고 해요. 아빠가 아이들을 바다 건너 저 멀리 세상으로 밀어주고, 또 아이들이 저 멀리 나아가는 모습을 지켜보고 있는 것 같다고, 그래서 감동적이라는 평을 남기셨어요."

2021. 8. 19.(목) 한승무 작가에게 전한 메시지

"무용을 전공하고 영국에서 K-Pop 활동을 하는 관객이 방문해 주셨어요. 그분이 무용도 공간을 해석해야 하는 일이라고 하더라고요. 그래서 작가님의 공간 해석을 주제로 한 그림 작업과 무용이 서로 맞닿은 부분이 있다고 했어요. 무용과 접점이 있다는 피드백이 너무 신선했어요. 작가님이 추구하는 '이데아적 공간'이 있는지 궁금해하셨어요."

2022. 1. 27.(목) 서재정 작가에게 전한 메시지

"전직 기자였다가 지금은 아이를 키우고 있다는 40대 여성 관객과 작품에 대해 여러 이야기를 나눴습니다. 치매에 걸린 아버지를 보고 늘 '오늘'의 모습으로 있는 호텔 공간을 바라보았다는 작품 이야기가 특히 인상

적이라고 했어요."

2020. 12. 15.(수) 정경자 작가에게 전한 메시지

"오늘은 방학이라 그런지 엄마와 함께 온 초등학생 관객이 있었어요. 작가님 그림도 보고 그림책 세 권도 모두 재미있게 보고 갔습니다. 아이 엄마에게서 아이가 또 오고 싶어 한다는 얘기를 전해 들었어요. 오후에 칠십 대 부모님을 모시고 온 관객이 있었는데, 이번 그룹전의 작가들이 모두 너무 쟁쟁하다며 작품들 좋다는 얘기를 하셨어요. 그중에서도 특히 윤강미 작가님의 〈부엌이 신〉에 정말 감동받으셨다고 해요. 눈빛이 정말 장난 아니라면서요."

2023. 1. 4.(목) 윤강미 작가에게 전한 메시지

브릿지경제 허미선 국장님이 왔다 가셨어요. 전시를 보시며 정말 많이 웃으셨어요. 〈겨울에서 봄으로 가는 시간〉 그림을 특히 좋아하셨어요. 24시간 쪼개 사는 기자의 삶이 힘든데 그림 속 보푸라기 모습이 너무나 바라는 모습이래요. 머리가 텅 빈 보푸라기 그림도 많이 공감되신다고 했습니다. 정아 작가님이 하갤의

첫 번째 전시 관객으로 오셨다는 점도 흥미로워하셨어요.

2023. 3. 13.(월) 김정아 작가에게 전한 메시지

"과천에서 60대 정도의 중년 여성 두 분이 오셨어요. 함께 전시 보러 다니는 게 취미인 그림 친구시래요. 무릎에 엎드린 〈허그미〉 그림을 보고 눈물을 흘리셨어요. 알 수 없는 슬픔이 느껴진다고 해요. 유독 이 그림에 관해선 60대 여성분들의 감성을 건드리는 무언가가 있나 봐요. 벌써 여러 명째라, 저도 이 그림을 다시 보고 있어요."

2023. 9. 11.(월) 정화백 작가에게 전한 메시지

"오늘 아티스트토크에 참석했던 분께서 메시지를 주셨는데, '작가'를 처음 만나보신 시간이었다고 해요. 보통의 평범한 삶을 꾸리는 사람들 속에서만 있다가, 진짜 자기 세계를 가진 작가를 만나 이야기를 듣고 큰 감동을 느끼셨다고 해요. 꼭 전달해 드리고 싶었어요. 감사합니다."

2024. 10. 15.(화) 맹욱재 작가에게 전한 메시지

집으로 간 그림

"30세 전후의 예술경영을 전공하는 대학원생 한 분이 작가님의 〈가드너〉 그림을 보고 울컥해했어요. 엄마가 자신을 낳아 키우느라 미술을 끝까지 하지 못하고 작가 생활을 접으셨대요. 어린 눈에도 엄마가 슬퍼 보였다고 해요. 작가님이 힘들게 육아와 병행하며 그려낸 그림을 보는데 엄마 생각이 난다며, 작가님은 꼭 작업을 지속하셨으면 좋겠다고, 응원한다고 전해달라 하네요."

2024. 10. 20.(일) 이고운 작가에게 전한 메시지

관객 기록 3

사진작가 토마스 스트루스(b.1954)는 일명 '미술관 사진'Museum Photographs 시리즈로 세계적 명성을 얻었다. 1989년부터 우피치미술관, 프라도미술관, 에르미타주미술관 등 전 세계 미술관에서 유명한 예술 작품을 관찰하는 관람객들을 담고 있는 사진들이다. 관람객들의 모습은 다양하다. 작품에 몰입해 감탄하거나 서로 이야기를 나누기도 하고, 때로는 지루해하기도 한다. 예술 작품에 대한 사람들의 해석과 반응도 이렇게나 다양하다는 점을 드러낸다. 작가는 사진을 통해 관람객, 예술 작품, 미술관 공간 사이의 관계를 보여주며, 덧없고 영원한 순간들을 포착한다. 스트루스는 작품이 아닌 작품을 보고 있는 관객들에게 초점을 맞췄기 때문에 우리는 관객을 보고, 관객이 보고 있는 예술 작품은 시야(사진) 밖으로 남는다. 스트루스의 사진을 보다보면 저들이 저렇게 열심히 보고 있는 그림이 무엇인지 궁금해진다.

하갤에 온 관객들은 그림을 보고, 나는 그림을 보는 관객들을 본다. 그림을 보는 사람들의 모습을 바로 옆에서 자세히 지켜볼 수 있다는 점은 하갤의 주인으로서 큰 즐거움이다. 하갤까지 그림을 보러 온 사람들은 대부분 정말 그림을 좋아하는 이들이 많고, 그림을 보는 모습도 무척 인상적이다. 정말로 꼼꼼히 그림을 뜯어보고, 전시장을 두 번 세 번 돌며, 보고 또 본다. 그림 한 점을 무려 30분 동안 바라보던 사람도 있었다. 그런 관객들을 보며 깨닫고 배운 순간이 많았다. 순수하게 몰입하고 온전히 집중하는 모습이 너무 아름답다는 생각이 들면 나도 모르게 토마스 스트루스에 빙의해 사진을 찍게 된다. 그렇다고 허락 없이 마구 사진을 찍는 것은 결례를 넘어 초상권 침해가 되니, 기껏해야 소심하게 옆모습이나 뒷모습을 찍는다. 찍은 사진을 기록용으로 남겨도 될지 물어보면, 앞모습이 아니라면 대부분 기분 좋게 허락을 해준다. 하갤의 관객기록 사진들은 관람객들의 뒤통수를 담게 될 때가 태반이지만 그림과 관객 사이가 얼마나 가까운지, 그림에 얼마나 몰입하는지는 충분히 담긴다. 이 사진 기록이 계속될 수 있기를 바란다.

III 그림과 집 그 사이

경계에서 경계로, 헤르메스처럼

그림에 대한 첫 번째 기억은 아홉 살 때였다. 백과사전을 넘겨보다가 한 그림을 보게 되었는데 충격을 받았다. 그것은 오귀스트 르누아르(1841~1919)의 그림이었다. 빛이 생동하고 다채로운 색으로 가득 찬 그림에 홀랑 마음을 뺏겨 '그림이 이렇게 아름다울 수 있나?' 생각하며 한없이 그림을 들여다보고 또 들여다보았다. 지금 생각해 보면 원화도 아니고 1980년대의 출판 인쇄술에 한계가 있었을 텐데도 불구하고 말이다.

그때의 감정은 지금도 생생하다. 내가 느낀 아름다움의 범위가 저기 끝까지였다면, 그 경계를 부수고 미의 영역을 또 다른 세계까지 확장하는 것처럼 느껴졌다. 그 정도의 감흥은 인생을 통틀어 쉽사리 찾아오는 경험이 아니므로 어린 소녀의 마음에 무척이나 강렬하게 각인되었다. 그 그림을 따라 그려보려고 애썼던 기억도 나지만 당연히 모두 처참하게 끝이 났다. 기껏 12가지 색깔 신신 크레파스를 쥔 어린아이였으니 말이다. 그러나 대부분의 그림 시간은 즐거움으로 가득했다. 이렇게 저렇게 그려야만 한다거나, 더 잘 그려야 한다는 압박이 없었으니까. 수많은 아이가 그렇듯이 그림은 아주 어린 시절부터 자연스러운 삶의 일부였고 즐거움이었다.

고등학생이 되어서 미술을 하겠다고 부모님께 선언하고 입시 미술을 시작했다. 정규학교 수업을 마치고 친구들이 야간 자율학습을 할 때 나는 미술학원에 다녔다. 비평준화 고등학교라 학교 수업은 말할 것도 없고 미술학원 수업도 만만치 않았다. 학교도 학원도 모두 열심히 다녔다. 수학을 정복하진 못했지만 포기하지도 않았다. 학원 시간은 저녁 7시부터 11시까지 4시간인데 그 이유는 실제 대학 입학 실기시험이 4시간이었기 때문이다. 서양화 전공을 목표로 연필 소묘와 수채화 전공 수업을 번갈아 했다. 하루씩 번갈아 4시간 동안 석고 데생을 하고 또 다음 날은 4시간 동안 수채화를 그리는 식이었다.

그런데 그 좋아하는 그림을 그릴수록 이상하게 불안감이 엄습했다. 이렇게 그림만 그리는 것이 내 평생의 일이 될 수 있을까? 나는 지금도 작가는 신내림을 받은 것처럼 거부할 수 없는 운명을 가진 자여야 한다고 생각한다. 그림 하나만 파고들기엔 나는 관심사가 너무 많았고, 열정도 창의성도 부족하다는 생각이 들었다. 이 상태로는 막상 미대를 가도 끝까지 할 수 없을 것 같다는 생각에 내 선택에 혼란을 느끼게 되었다.

어느 날, 고민이 많은 나에게 미술대 학생이기도 했던 학원 선생님이 『미학 오디세이』(도서출판 새길, 1994)를 권했다. 그렇게 고3 때 만난 그 책이 또 나를 바꾸었다. 흥미롭기 그지없는 에서와 르네 마그리트의 그림이 등장하는데 단순히 그림 이야기가 아니었다. 플라톤과 아리스토텔레스가 등장해 철학과 사상, 역사, 수학까지 온갖 인문학적 층위에서 예술을 논하는 책이었다. 인류가 어떻게 아름다움을 발견했는지, 어떻게 인식했는지, 어떤 마음으로 추구해 발전시켜 나갔는지…. 그 책은 미술에 대한 좁은 관점의 내 눈을 새롭게 뜨게 만들었다. 동시에 꼭 그림을 그리지 않아도, 즉 창작자가 아니어도 미술평론가, 미술사가, 큐레이터처럼 그림과 그림 밖을 연결할 수 있는 일이 있다는 걸 깨달았다. 그렇구나, 나는 미술 '창작자'가 아니라 미술 '매개자'가 되어야 하는구나.

수많은 석고 데생을 하면서 좋아했던 석고상이 두 개 있었는데 헤르메스와 아리아드네였다. 헤르메스는 그리스 신화에서 신과 인간 사이를 날아다니며 말을 전하는 전령사였고, 아리아드네는 미궁에 빠진 테세우스에게 실을 따라 미궁을 빠져나오게 한 에피소드로 유명하다. 왜 그 석고상들을 좋아했는지 정확히 기억나진 않지만, 내 정체성을 헤르메스에 대입하고 나니 헤르메스는 나에겐 각별한 의미가 되었다.

그렇게 해서 홍익대학교 서양화과가 아닌 예술학과로 입시 목표를 수정하고 예술학과에 입학했다. 예술학은 나에게 최적의 전공이었다. 대학에 다니는 동안 고등학생이었을 때보다 더 열심히 공부했다. 동서양 미술사, 예술학, 현대 미학 등 전공 전반에 걸쳐 몰입해 공부한 덕에 차석으로 학과를 졸업했고, 대학원 대신 바로 사회로 진출했다. 그리고 그 후 내가 택한 모든 일은 헤르메스의 영역이었다.

심플한 삶이 아름다운 이유

회사를 그만두고 나서 아이를 유치원에 데려다주고 나니 할 일이 아무것도 없었다. 실컷 잠을 자는게 소원이었던, 죽어라 일만 하던 어제의 나는 막상 넘치도록 주어진 시간들을 어떻게 써야 할지 몰라 멍청히 서 있었다.

그러다 문득 주위를 돌아보았다. 옷장은 미어터지고 있었고 책장도 서랍도 부엌도 모든 공간마다 짐 위에 짐이 뒤죽박죽 쌓여 있었다. 일을 하며 받는 스트레스를 쇼핑으로 풀어왔고 제대로 정리할 시간은 없으니 물건들이 공간을 장악해서 포화 상태였다. 삶에 끌려가

느라 소중한 것들과 쓰레기가 마구 뒤섞여 엉켜 있는 것이, 그 당시 딱 내 모습이었다.

정신을 차리고 묵묵히 청소를 시작했다. 정리정돈을 하면서 집이 깨끗해지기 시작했고, 마음의 묵은때가 벗겨지는 것 같았다. 그러다가 어느 순간 버리기 시작했다. 미니멀리스트들이 모인다는 네이버 카페에도 가입하고 '심플'과 '미니멀'이 들어간 이름의 책들을 섭렵했다. 주변인들에게 미니멀리스트가 되겠다고 선언했다. 의외로 내가 정리를 좋아하고 심지어 재능도 있는 것 같았다. 내친김에 구립 여성문화센터에 정리수납전문가 과정을 등록하고 자격증을 땄다. 얼마나 열심히 과정을 수강했던지, 나는 강사님의 애제자가 되어 있었다. '출장팀 멤버'에 들어오겠느냐는 제의도 받았다.

그즈음 나는 또 중요한 것을 깨달았다. 아무리 회사 일로 커리어를 쌓아왔어도, 회사를 나온 순간 라이선스 하나 없는 내가 할 수 있는 일은 많지 않다는 것을. 인생의 딱 절반을 살았을 뿐인데, 이제 턴을 하고 살아온 만큼 또 살아가야 하는데 나의 인생 2막을 어떻게 꾸려

그림과 집 그 사이

야 할까. 육아와 병행할 수 있는 적당히 자유로운 일이어야 하니, 새롭게 발견한 재능을 살려 정리수납전문가가 되어야겠다고 생각했다.

내가 만약 정리수납의 세계에서 성공했다면 하우스갤러리를 구상할 일은 없었을 것이다. 나는 기똥찬 정리수납전문가였지만 불행히도 엄청난 단점을 가지고 있었다. 우리 집의 정리수납을 완벽하게 마무리하고, 이어서 친한 친구 집과 가족들을 대상으로 서너 곳에 연습 삼아 출장을 나가보았다. 세상에, 나는 세 시간 동안 노동을 하고 세 시간을 누워 있어야 하는 사람이었다. 게다가 일하는 속도가 너무 느렸다. 어떤 주제로 책을 배치할지 고민하면서 책장을 정리하고, 수행하듯 천천히 묵은때를 닦다보니 정리를 얼마 하지도 않았는데 '퇴근'할 시간이 되어 있었다. 살고 있는 내 집이야 하루하루 조금씩 치워갈 순 있지만 남의 돈을 받고 공간을 정리하러 나갔다가는 욕을 먹기 딱 좋았다. 정리수납전문가가 되고자 부풀었던 꿈은 푸시식 바람 빠진 풍선이 되고 말았다. 세상에 정말이지 쉬운 일은 없구나.

그러나 결론적으로 미니멀리스트의 삶을 지향하며 정리수납전문가가 되고자 했던 시간들이 결국 하우스갤러리의 시작에 도움이 되었다. 나는 버리기를 통해 삶을 정리하고 돌아볼 수 있었다. 무엇을 버리고 무엇을 남길 것인지를 깊이 생각하는 시간을 가졌던 것이다. 게다가 신기하게 물욕도 사라져 버렸다. 없어도 그만인 것들을 과감히 버리고 나니, 비로소 나에게 중요한 것, 내가 좋아하는 것들만이 남았다. 바로 식물과 책, 그림이었다. 추리고 추리다 보니(가족을 빼고선), 이 세 가지가 남았다. 나는 모든 것을 버리는 극단적인 미니멀리스트가 아니라 가장 중요한 것을 위해 중요하지 않은 것들을 구분하는 중용의 미니멀리스트였다. 정리정돈을 했을 뿐인데 돈오의 깨우침을 얻었다. 게다가, 그 전의 집에서는 그림이 어디 있는지도 모르게 묻혀 있었는데, 간결해진 집에선 비로소 그림이 온전히 돋보인다는 사실도 깨달았다.

하우스갤러리라고 하면 평창동의 저택이거나 60평, 100평짜리 아파트일 것이라고 선입견을 가지는 이들이 있지만, 그랬다면 하갤을 구상하지 못했을 것이다.

그림이 아닌 집이 부각되었을테니까. 30평대의 보통 아파트라는 점이 나에겐 오히려 집을 메뉴로 할 수 있는 당위성이 되었다. 화려하고 값비싼 가구나 가전, 인테리어도 중요치 않았다. 하갤을 하면서 영감을 받고, 롤모델처럼 한번씩 떠올리는 곳이 있다면 그것은 바로 수녀원이다. 하갤 시작을 전후로 몇 년간 네 군데의 수녀원에 다녀왔는데, 나는 그 공간들에서 깊은 감동을 받았다. 호화롭고 반짝이는 호텔과 힙하고 트렌디한 문화공간과 명소에 가서 감탄을 하는 경우는 있지만, 수녀원에서 받은 감동에는 미치지 못했다. 수녀원의 특징은 하나같이 청빈하고 검소한 삶을 담고 있고, 단정하게 정리하고 닦아냈을 뿐인데 이루 말할 수 없는 기품을 가진 곳이라는 점이다. 하갤은 수녀원에서 영감을 받아 심플하게 정리하고, 그저 '그림'을 드러내고자 했다.

심플한 삶만으로도 아름답지만, 심플한 삶에 자신에게 가장 소중한 것을 담아보는 것을 제안한다. 하갤은 거기에 그림 한 점을 얹었다.

그림과 함께 커피 한 잔

하우스갤러리에서 손님을 맞이하기 위한 마지막 준비 과정은 청소와 커피이다. 평소엔 대충 하던 청소도 전시를 앞두곤 집 안 곳곳을 정리하고 락스로 화장실을 닦는다. 시시포스sisyphos의 돌처럼 해도 끝이 없는 집안일은 평소 성가시고 힘든 일이지만, 전시장을 정비하는 일이라고 생각하면 희한하게 에너지가 솟는다. 생각해 보면 전시장의 크기를 키우거나 벽을 만들거나 조명을 바꾸는 일은 어렵지만, 그림이 돋보이게 잔살림을 덜어내고 반짝이게 닦는 일 정도는 할 수 있는 일이다. 공간에 있어서 내가 할 수 있는 유일한 일은 청소일 뿐이다. 하갤을 운영하는 동안 나의 청소력은 일취월

장해서 이제는 마음먹으면 한 시간 안에 어느 정도 손님맞이 준비를 끝낼 수 있는 경지에 이르렀다.

또 다른 손님맞이 준비물은 커피이다. 하갤을 처음 시작할 때는 코로나 팬데믹이 한창일 때라 다과 제공은 크게 신경 쓸 요소는 아니었지만, 아무래도 관객이 전시장에 머무는 시간이 길어지니 커피 정도는 대접하고 싶은 마음이 들었다. 그러다 보니 전시 오픈을 앞두고선 일리 커피를 몇 통 주문해서 쌓아놓아야 안심이 되었다. 그리고 말갛게 청소를 마치고 그림 앞에서 커피를 내려 마시는 순간이야말로 가장 행복한 일상 중 하나가 되었다. 나 혼자 혹은 관객과 함께여도 좋았다. 커피를 마시며 그림 이야기를 나누는 시간들은 힘든 코로나 시기 우울증도 비켜 가게 한 요인이었다.

3년 전 여름, 하우스갤러리 한승무 작가의 전시에 관객 J가 찾아왔다. 멀리 제주에서 오셨다길래 깜짝 놀랐다. 찬찬히 전시를 보고 하갤을 운영하게 된 여러 이야기도 나누었다. 그러다 하갤의 시작점이 된 임효영의 그림들도 보여주었는데 J는 〈Walking with you〉• 그림 앞에서 감정이 복받쳐 울기 시작했다. 그녀를 위로하다가, 따뜻한 커피라도 내드려야겠다는 생각이 들었다. 나는 부엌으로 가서 커피 한 잔을 만들어 J 앞에 가져갔다. J는 눈물을 훔치며 커피를 한 모금 마시다가, 휙 고개를 들고 울먹이며 말했다.

"흑흑… 그림도 그렇고 이 전시는, 정말 다 좋은데, 흑흑… 커피 맛이… 커피 맛이…."

사람들을 만나다 보니, 각자의 취향도 다르지만 그 기준점도 모두 다르다는 것을 알게 된다. 내가 그림에 진심이듯 J는 커피에 진심이었던 것이다. 후에 알고 보니 J는 커피 장인으로 소문난 '레이트벗 커피 로스터스 Latebut Coffee Roasters'의 공동대표 중 한 명이었다. 캔 상태로 유통되는(유통기한이 긴) 이탈리아에서 분쇄한 커피 가루를 가정용 에스프레소 머신에 대충 내린 커피는, 낮은 해상도로 허접하게 출력한 인상파 그림을 화려한 금색 칠 플라스틱 액자에 끼워 걸어놓은 그림들

● 이 책의 표지 그림이기도 하다.

과 다를 바가 없었을 것이다. 사람마다 한없이 예민하고 섬세한 촉수가 발현되는 자기만의 세계가 있기 마련이다. 나는 울다가 커피 맛에 의문을 제기하는 J가 어떤 면에선 나와 너무 닮아서 웃음이 났다.

J는 전시에 관객이 몇 명이 오는지 물었다. 나는 항상 하갤은 '백 명을 위한 전시'라는 모토를 가지고 있다고 대답했다. J는 그림의 감동이 있는 하갤이라면 그에 걸맞은 커피 향이 필요하다고 했다. 그렇게 레이트벗 커피는 하우스갤러리의 첫 번째 후원자가 되었고, 매 전시마다 100인분의 커피 백을 보내주기 시작했다. 제주도 성산읍에 위치한 레이트벗 커피는 부부가 함께 운영한다. 남편인 M은 헤드로스터이자 바리스타로 최고의 커피 한 잔이 주는 감동을 위해 완전히 커피에만 몰입한 분이었다. 부인인 J는 커피에 어울릴 빵을 구우며 쇼룸을 운영하고 마케팅을 한다. 레이트벗 커피의 M과 J는 예술과 커피에 공통점이 있다고 생각하는, 예술을 무척이나 사랑하는 분들이기도 했다. 처음에는 커피를 보내주는 것에 그쳤다가, 언제부턴가 전시 기간에 작가와 대화를 하는 날에 쇼룸을 닫고 서울로 올라

오기 시작했다. 작가와 관객들에게 직접 커피를 만들어주고 싶다는 것이었다. 새벽에 일어나 첫 비행기를 타고 바리바리 챙겨 온 커피 도구들을 하갤에 풀어놓으면 10시 남짓이었다. 11시 작가와의 대화와 함께하는 레이트벗 커피 쇼를 진행하고선, 다시 쇼룸의 문을 열기 위해 황급히 공항으로 떠난다. 나는 그들의 헌신과 노력에 고마움을 넘어 안절부절못하는 지경이 되었다. 그러나 레이트벗 커피의 M과 J는 정말 행복해 보였다. 전시마다 작가마다 어울릴 커피빈을 골라, 김정아 커피, 정화백 커피, 맹욱재 커피를 만들어주었다. 하갤에 올라오는 날은 휴가와 같다는 그들의 말에, 그저 고마운 마음을 감사히 받기로 했다. 좋은 커피를 만들고 싶은 레이트벗의 마음처럼 하갤은 하갤대로 좋은 전시를 만드는 것으로 마음의 짐을 상쇄시켰다.

그러다 어느 날엔가 레이트벗 커피의 이웃이기도 한 '어니스트밀크'에서도 후원을 하고 싶다고 했다.

"형님(레이트벗 커피 M)이 하우스갤러리와 작가들을 후원하는 모습이 너무 행복해 보이고 좋아 보여요. 저도 동참하고 싶어요."

상업적인 광고 협찬의 관계가 아닌, 순수하게 하갤을 응원하며 예술의 가치에 공감하는 '레이트벗 커피'와 '어니스트밀크'는 이렇게 '하우스갤러리2303'의 공식 후원처가 되었다. 하갤에 오는 관객들이라면 만나게 될 또 다른 즐거움이다.

그림 친구들과 도장깨기

나에겐 여러 '그림 친구'가 있는데 최근에 가장 자주 만나는 그림 친구는 아녜스와 바비이다. 성당에서 교리교사 봉사활동을 하다 만난 이들이라 서로의 세례명을 부르는데, 아녜스와 바비(비비안나)는 나를 가비(가브리엘라)라 부른다. 아녜스는 상담심리학을 공부하고 있는 미술치료사이고, 바비는 현대무용가로 활동하다 지금은 경계성 아이들을 대상으로 티칭을 하고 있다. 무엇보다 예술을 사랑하는 이들이라 우리의 대화 소재는 늘 마르지 않는다. 하갤의 빅팬이기도 한 아녜스와 바비는 하갤의 전시를 제대로 즐기는 이들이기도 하다. 맑은 날과 흐린 날, 오전과 오후, 저녁 시간, 하갤의 그림은 빛과 공기에 따라 시시각각 바뀌기 마련인데 그들은 그 모든 시간대를 놓치지 않고 여러 번 전시장을 방문해 미묘한 변화를 모두 읽어내며 행복해한다.

하갤을 벗어나 우리는 자주 그림을 보러 밖으로 나가기도 한다. 어느 날인가 아녜스가 미술 옥션이 궁금하다고 해서, 미술 세계의 현장을 하나씩 '도장깨기'• 해보기로 했다. 그렇게 어떤 날은 미술관이나 갤러리로, 또 어떤 날은 옥션과 아트페어로 그림 친구들을 인도한다. 내가 아는 세계에 대해 신이 나서 도슨트로 빙의하면 그들은 눈을 반짝이며 호응해 준다. 많은 이들이 궁금해하는 내용이기도 한 내용이라 소개하고자 한다.

미술관과 갤러리는 완전히 성격이 다른 곳이다. 미술관은 예술 작품을 수집하고 보존하며 그 의미와 가치를 연구하는 기관이다. 뮤지엄과 미술관이 혼용되기도 하

• 원래는 무술 도장의 강자들을 꺾는다는 뜻이지만, 최근에는 특정 분야나 인물을 선정하여 그 분야를 파고든다는 뜻으로 쓰인다. 일례로 맛집 도장깨기나 오락실 도장깨기 등이 있다.

는데 그럴 경우 미술관은 미술박물관을 뜻하기 때문이다. 미술관의 핵심적인 고유 기능은 자체적인 소장품을 가지고 있고 연구하는 것이고, 전시와 교육이 두드러진다. 작품을 판매하지 않고, 입장료는 미술관에 따라 무료이거나 유료이기도 하다. 세계의 3대 미술관으로 프랑스 루브르박물관과 영국 대영박물관을 꼽는 데는 이견이 없고, 3번 자리는 로마의 바티칸뮤지엄, 러시아 에르미타주, 미국의 메트로폴리탄 등이 거론된다. 한국의 미술관은 소장품을 놓고 보면 국립현대미술관과 리움미술관이 투톱이지만 의미적으로는 간송미술관을 꼭 추천하고 싶다. 나는 대학 친구들과 몇 년 후에 '루브르 낚시의자여행'을 계획하고 있는데, 말 그대로 낚시 의자를 들고 가 루브르 전시장 앞에 앉아 천천히 그림들을 보고 오는 것이다. 몇 시간 만에 루브르를 돌아보기엔 우리가 보고 싶은 그림이 너무나 많기 때문이다.

갤러리는 전시와 미술품 판매를 목적으로 한다. 갤러리는 그림을 파는 곳이므로 상업적인 성격이 강하며, 전시는 동시대 현대 작가들의 작품이 주가 된다. 대부분 입장료는 무료이다. 예술경영지원센터가 밝힌 2023년 한국의 갤러리 수는 895개이다. 사간동, 삼청동, 청담동, 한남동, 성수동, 평창동, 인사동 등 갤러리가 밀집한 지역이 있으므로, 갤러리 투어를 할 때는 운동화를 신고 인근의 갤러리 2~5곳을 묶어 돌아보는 것도 좋다. 한국 미술시장이 주목을 받으면서 글로벌 갤러리의 한국 분점도 많이 생겨났다. 갤러리에 다니다 보면 조금씩 자신이 좋아하는 취향의 갤러리가 생겨나기 마련이다. 나는 갤러리에 갈 때마다 그림 가격표를 보여달라고 하는 편인데, 그렇게 작품 가격의 추이를 살펴본다. 아녜스, 바비와 함께 전시장에 가면 우리는 늘 그날의 원픽one pick을 고른다. 리스트의 가격대가 에르메스보다 비쌀 때가 많아, 그저 마음속 수장고에 한 작품씩을 소장하고 나오는데 그것만으로도 충만하다.

수많은 갤러리들이 연중 다양한 전시를 하게 되는데, 관람객 입장에서는 일일이 수많은 갤러리를 찾거나 연중 열리는 전시를 수시로 방문하기가 쉽지 않다. 단시간에 전체 미술시장의 윤곽을 살피려면 아트페어에 가보는 것을 추천한다. 2023년 기준 국내의 크고 작은 아트페어가 80개가 넘었다. 언론의 주목을 받고 또 인스타그램의 성지가 되는 아트페어는 봄에 열리는 부산아트페어, 가을에 개최되는 프리즈FRIEZE와 키아프KIAF이다. 수많은 갤러리가 각기 가장 주력하는 아티스트의 작품을 견본으로 보여주니 눈으로 보고 작품을 고를 수 있고, 꼭 작품을 구매하지 않더라도 그저 아이쇼핑을 하는 것도 즐거운 경험이다. 나는 개인적으론 대형 아트페어보다는 작가 중심 직거래장터의 성격을 가진 '유니온 아트페어'나 젊은 작가가 주로 소개되는 '더 프리뷰'와 같은 작고 개성 있는 아트페어를 더 선호한다.

갤러리와 아트페어가 1차 시장이라면, 경매시장(옥션)이 미술품 2차 시장이다. 1차 시장은 작가나 갤러리에서 작품을 판매하는 시장이고, 2차 시장은 구매한 작품을 다시 되팔고 사는 시장이다. 1차 시장은 갤러리와 아트페어가 주축이 되고, 2차 시장은 경매시장(옥션)이 주축이 된다. 하지만 현대 미술시장은 1, 2차 시장이 혼재해 복잡한 양상을 띤다. 코로나 팬데믹을 거치면서 미술시장이 팽창했고, 비대면으로 패러다임이 변하면서 경매시장의 온라인 옥션이 큰 수혜를 입었다. 글로벌 경매시장은 소더비(Sotheby's, 1744~)와 크리스티(Christie's, 1766~), 필립스(PHILLIPS Auction, 1796~) 등이 있고, 한국은 서울옥션(1998~), 케이옥션(2005~), 고미술로 특화된 마이아트옥션(2011~)이 있다. 경매 전 옥션 전시장에서 직접 작품을 볼 수 있고, 수억 원대 작품이 등장하는 메이저 경매부터 수십만 원대에서 시작하는 온라인 경매 등 다양한 가격대의 경매가 열린다. 보는 재미는 메이저 경매가 크지만, 구매를 고려하며 처음 관심을 가지는 지인들에겐 온라인 경매부터 들여다보라고 조언한다. 나는 옥션을 통해 여러 작품을 구매했는데, 실패한 경험과 만족스러운 경험이 섞여 있다.

미술관에서 보이는 작가와 미술시장(갤러리와 아트페어, 옥션하우스)에서 보이는 작가군에는 차이가 있기 마련인데, 간혹 두 영역을 모두 오가는 작가들도 있다. 그들을 보면 어떤 특징이 있는지 유심히 관찰하곤 한다. 욕심이 너무 큰 것 같지만 앞으로 내가 소장하고, 하갤을 통해 소개하고픈 작가군이기 때문이다. 날이 좋아졌으니, 아네스, 바비와 함께 전시장 나들이를 갈 때가 되었다.

안목을 가지려면

크리에이티브 디렉터Creative director 조수용은 『일의 감각』(REFERENCE BY B, 2024)이라는 책의 서두에서 인상 깊은 이야기를 들려주었다. 패션에 관심이 많았던 청소년기, 넉넉지 않은 형편에 1년에 한 번 어머니와 함께 옷 쇼핑을 했던 기억들. 한정된 예산 안에서 어떤 옷을 살지 결정하기 위해 빠짐없이 시장의 모든 가게를 돌아다녔던 이야기. 어머니는 크고 작은 선택과 책임을 아들에게 맡겼고, 철마다 입을 옷은 한 벌뿐이었으니 그 결정이 잘못되면 한 철 내내 후회해야 했지만 그 역시 온전히 자신의 몫이었다는 것. 그는 그때 세상에 대한 '감각'을 형성했고, 삶을 살아가기 위한 오너십

ownership을 배웠다고 한다. 네이버 그린팩토리 사옥 프로젝트, 카카오의 공동대표이사, 『매거진 B』의 창간 및 발행인, 사운즈한남, 광화문D타워, 네스트호텔 등의 프로젝트로 이름이 알려진 조수용의 빛나는 감각의 원천엔 그 시절이 있었다.

홍익대학교 강의실 E103호는 모든 미술사 수업이 열리던 곳이었다. 45도 각도의 계단식 강의실 의자는 모두 한곳을 향해 있었는데 그곳엔 극장처럼 커다란 하얀 스크린이 있었다. 수업이 시작되면 불이 꺼지고, 어둠 속에서 딸각딸각 슬라이드가 돌아가며 화면에 그림이 비춰졌다. 한국미술사, 서양미술사, 인도미술사, 중국미술사, 일본미술사, 불교미술사, 근대미술사, 현대미술사 등 모든 미술사 수업이 그곳에서 펼쳐졌다. E103호에서 학부 시절 4년 내내 1만 장이 넘는 그림들을 보았다. 나 역시 그러다 어느 날 청자의 비색을 이해하게 되었다고 생각한다.

친한 대학 동창들과 만나면 그 시절을 회고하며, 우리는 정말 지독하게 '보는 것'을 훈련받았고 덕분에 어느 정도의 미감과 안목을 갖게 되었다는 데는 동의했다. 그런데 학교에선 우리에게 안목만 가르쳤지 안목을 펼치며 살아갈 경제적 능력은 가르쳐주지 못했다며 깔깔 웃곤 한다.

"쓸데없이 안목만 높아져서 뭘 사질 못하겠어. 눈에 안 차. 눈에 차는 걸 사려니 너무 비싸."

"맞아, 맞아. 깔깔깔. 우리 지금 옷들도 다 후줄근해. 툭 하면 미학적 가치를 논하면서 우린 왜 미학적이지 못한 거니?"

"그 미학과 그 미학은 다르잖아. 얘, 아무리 그래도 그 옷은 좀 아니다."

어떻게 안목을 기를 수 있느냐는 질문을 더러 받는다. 미감과 감각, 안목을 타고난 사람도 있지만, 분명 후천적인 노력으로도 간극을 좁힐 순 있다고 생각한다. 좋은 것을 많이 보고 좋은 곳에 많이 가보고 경험이 필요하다. 시각을 넘어선 것들을 이해하려면 공부도 필요하다. 안목을 키우는 것은 단시간에 되는 일이 아니므로 어쩌면 삶의 태도가 되어야 할 것이다. 당연하게도 정말 좋은 작품들은 사실 갤러리가 아닌 미술관이나 박물관에 모여 있다. 국립현대미술관, 국립중앙박물관, 간송미술관, 리움미술관…. 우리의 눈이 '낮은 곳'에서 맴돌면 안 된다. 오리지널 백자의 미감을 담고 나면, 도자기를 보는 눈이 좀 더 깐깐해지게 될 것이다.

또 한 가지 나만의 중요한 팁이 있다면, 그냥 보러 가지 말고 그림을 하나 고르러 간다고 생각을 해보는 것이다. 전시장에 가면 나는 '오늘은 어떤 작품을 하나 가져올까?' 하는 마음으로 전시장을 돌아다닌다. 이건희 컬렉션에 가면 '이건희가(뭐라고?) 나에게 작품 하나를 준다고 하면(미쳤군!) 뭘 고를까?' 생각하고, '반고흐 뮤지엄에서 나한테 그림을 하나 준다고 하면(정말 고맙습니다!) 뭘 받겠다고 하지?' 생각한다. 이런 생각은 그저 상상에 그치겠지만 그 순간만큼은 실제 그런 마음으로 돌아다닌다. 그냥 전시를 둘러보면 수동적인 관람객이 되기 십상이지만, '오늘 무엇을 골라 갈까' 생각하면 뇌가 풀 가동되며 눈에서 레이저가 나온다. 한 번만 보아선 결정할 수 없으니 전시장도 한 번 더 둘러봐야 한다. 절대적인 미학적 관점을 가지기란 쉽지 않지만, 그럴 땐 상대적인 관점으로 가볍게 시작해 보는 것도 즐거운 경험이자 훈련이 된다. 덧없이 일장춘몽으로 끝이 나고 그저 눈에 담고 나올 뿐이지만 그 그림은 더 오래 마음에 남는다. 거기에 하나 더 덧붙이자면, '왜?'라고 묻는 것이다. 왜 그 작품을, 왜 그 작가를 골랐는가 하는 것. 그것이 쌓이면 나의 취향을 이해하게 되고, 관점이 생기고, 어제보단 조금 더 높은 안목을 가지게 될 것이다.

하갤에 오는 관객들에게도 자주 묻는 질문이다. 오늘 본 그림들 중 어떤 그림이 좋았느냐고. 사람들이 고른 그림들이 모두 다른데, 그 다른 관점의 이야기들을 듣는 것이 너무 즐겁다. 그 점이 예술의 매력이기도 하다. 미술사 도록이나 미술관의 컬렉션은 분명 좋은 길잡이이긴 하지만, 좋은 안목을 가지는 것의 중심은 그럼에도 자기 자신이어야 한다. 자신의 눈을 믿어보라고 얘기하고 싶다.

그림과 아이의 공통점

사춘기 아이를 키우며, 종종 '알묘조장揠苗助長'•이라는 말을 되뇐다. 옛 중국의 한 농부가 자신의 논의 벼가 다른 사람 벼보다 덜 자란 것 같아 고민을 했다. 벼의 순을 조금 잡아 올렸더니 약간 더 자란 것처럼 보였다. 집에 돌아온 농부가 종일 벼의 순을 잡아 올리느라 고생했다고 앓는 소리를 하자 식구들이 기겁했다. 아니나 다를까, 다음 날부터 벼는 말라 죽기 시작했다. 너무 귀

• 곡식의 싹을 뽑아 올려 성장을 돕는다는 뜻으로, 성공을 서두르다 도리어 해를 봄을 비유적으로 이르는 말. 『맹자』의 「공손추(公孫丑)」에 나오는 말이다.

히 여겨 가까이서 계속 들여다보고, 조금이라도 도움이 되고 싶어 건네는 말들이 잔소리가 되거나 상처가 되기도 한다. 지나친 관심과 관여가 때로 부담 혹은 폭력이 되기도 하니, '알묘조장'과 '과유불급'을 되뇌며 약간 무심하게 사춘기 아이와 거리 두기를 하려고 노력한다. 그럼에도 엄마로서 아이 양육자의 기본은 지켜야 하니 그 사이에서 현명한 줄타기를 고민하지 않을 수 없다.

사람들이 집에 그림이 있다면 어떻게 관리해야 하는지 자주 묻는다. 항온, 항습, 항균, 조도, 내진의 가이드라인이 있는 미술관 혹은 수장고에 관한 이야기를 다들 한 번쯤은 들어 알고 있는 것 같다. 그래서 미술품은 엄청나게 세심한 관리가 필요할 것이라고 지레 겁을 먹는다. 나는 그럴 때 그림을 아이라고 생각하라고, 그림이 있는 환경은 아이를 키우는 환경과 같다는 대답을 하곤 한다. 아이를 키우다 보니 그 환경이 놀랍게도 비슷하다는 걸 깨달았기 때문이다.

아이를 키우는 최적의 실내 환경을 떠올려 보자. 적정

온도 20~25도, 습도 40~50%, 통풍과 환기가 중요하고, 물리적 충격, 곰팡이나 먼지, 벌레는 당연히 좋을 리 없다. 흡연을 하는 실내 환경에 놓였던 그림 표면을 긁어보면 착색된 니코틴 성분이 발견된다고 한다. 아마도 1950년도 이중섭의 황소 그림의 표면을 분석해 보면 그 시기 담배 성분을 추출해 낼 수 있을 것이다. 물감층에서 니코틴 성분이 발견된다고 해서 그림 상태가 급격히 나빠진다고 단언할 순 없지만, 아이를 키우는 집에서 담배를 피우는 부모는 없다는 점을 상기하자. 유리 없는 캔버스 유화 그림처럼 표면이 노출된 그림이라면 가끔 깨끗한 그림 붓이나 타조 털과 같은 부드러운 먼지떨이로 먼지를 제거해 준다. 한 달에 한 번 아이의 이불을 빨 때쯤, 그림의 먼지도 털어주면 어떨까.

한 가지 매우 중요한 특이 사항을 추가하자면 바로 햇빛(자외선)이다. 햇빛 알레르기가 심한 아이를 키운다고 생각하면 된다. 그림을 걸 때 하루 종일 해의 움직임을 면밀히 관찰해 햇빛이 바로 닿는 자리는 피해야 한다. 그림이 그 자리에 놓여야만 한다면 커튼을 달면 된다. 그거면 된다. 형광등 불빛은 괜찮냐고 묻는다면, 영향이 전혀 없다고 말할 순 없지만 그 정도 조명이 신경 쓰인다면 그림은 영원히 수장고 안에 있어야 한다. 과연 그럴 이유가 있는지 묻고 싶다. 만약 정선의 〈인왕제색도仁王霽色圖〉급의 그림을 가지고 있다면 물론 수장고를 권한다. 나라도 꺼내지 않을 것이다.

그림을 걸지 않고 보관해야 할 때도 있다. 그럴 땐 어떻게 하면 좋을까. 가장 좋은 것은 작품 전용 종이 박스에 넣어서 적절한 온습도가 유지되는 방에 보관하는 것이다. 뮤지엄의 가이드는 중성지 종이 박스이지만 보통의 종이 박스*도 훌륭하고, 박스가 없다면 뽁뽁이나 은박 스티로폼으로 싸서 보관하되 작품 표면에 무거운 물건이 적재되는 것은 피해야 한다. 그림도 어떤 면에선 생명체와 닮아 있어, 벽에 딱 붙이지 말고 공기의 흐름이 생길 정도로 조금 떼는 것이 안전하다.

보관 장소로 창고가 되기 십상인 베란다는 피하라고 하

- 일반적인 10호 크기 기준, 가격은 2~4만 원쯤이고 요즘은 인터넷 주문도 가능하다.

고 싶다. 베란다에 방치된 상자들을 이사할 즈음에 꺼내보면, 햇빛에 바래거나 삭고 곰팡이가 생긴 모습에 기겁을 하곤 한다. 불행히도 보관과 방치는 한 끗 차이다. 봄이 오는 3월이나 장마철이 지난 후, 적어도 일 년에 두 번 정도는 작품을 꺼내 곰팡이나 해충의 피해가 없는지 살펴야 한다. 기본적인 제반 환경 조성은 너무나 당연하지만, 지나치게 전전긍긍할 필요는 없다. 조금 무심히 아이를 키우듯 적당한 관심이 필요하다.

너무 까다롭다고 생각하지 않았으면 좋겠다. 그림과 아이는 물론 모든 가족에게 쾌적한 환경을 유지하는 정도의 노력이므로. 그래도 걱정이 된다면 국립현대미술관의 『미술품 보존 가이드북』을 찾아보길 권한다. 미처 몰랐던 내용을 놓칠세라 두 눈을 부릅뜨고 살펴보았지만 나는 국민 출산·육아서 『삐뽀삐뽀 119』와 같은 연장선상이라고 느꼈다.

시나브로, 하우스갤러리 경주

가장 친한 대학 동창 S가 경주에서 펜션을 시작했다. 처음엔 작게 시작했던 펜션이었는데 공간에 대한 기획력도 좋고 운영을 잘해 사업이 점점 커졌다. 그러다 얼마 전 2층짜리 오래된 한옥을 인수했고, 지붕(한옥은 지붕이 정말 비싸다!)과 골조만 남기고 개조를 했다. 친구는 한옥 스테이 공간을 하갤처럼 그림이 있는 공간으로 만들고 싶다고 했다. 그리고 공간에 어울리는 그림을 제안해 달라며 아트디렉터의 역할을 맡겼다. '그림의 종착지는 평범한 일상과 집'이라는 평소 하갤의 믿음대로 누군가의 집으로 그림을 보내는 일을 해오고 있었지만, 막상 타인의 집으로 직접 찾아가고 그림이 놓일 공간까지 개입하는 경험은 드물다. 친구의 제안은 처음부터 그림이 있는 공간으로 기획된 과정에 적극적으로 동참할 수 있는 일이었고, 하갤을 벗어나 다른 공간을 기획하는 첫 번째 경험이기도 했다. 나에겐 마치 '하우스갤러리 경주'를 만드는 것 같은 도전 의식이 생겼다.

처음 계획에선 작품을 구매할 예산이 어느 정도 잡혀 있었다. 그런데 공사 과정에서 예기치 못한 일들이 생겨나며 공사는 길어졌고 예산도 늘어났다. S는 그림을 살 여력이 없을 것 같다며 침울해했다. 그러나 그게 무슨 걱정이란 말인가. 빌려줄 돈은 없지만 나에겐 빌려줄 그림이 많단 말이다! 하갤을 운영하며 소장품이 많이 쌓였지만 하갤은 늘 새로운 전시 공간으로 쓰이다 보니 막상 소장품이 벽에 걸릴 일이 없어서 한쪽 방에 차곡차곡 쌓여가고 있었다. 작품은 벽에 걸려야 가장 빛이 나는데 창고에 쌓아두고 있는 게 나로선 안타까운 일이기도 했다. 믿을 만한 곳으로 가는 거라면 얼마든지 그림을 빌려줄 수 있다. 하물며 내 친구의 일인 것이다.

우리는 머리를 맞대 공간에 어울릴 그림을 골랐다. 한

옥의 천장과 들보, 기둥을 최대한 노출한 공간이라 그 자체가 너무 아름답게 느껴졌지만, 생각보다 그림을 걸기는 어려운 공간이란 것을 깨달았다. 또 S는 아무리 작품이 좋아도, 액자와 유리 없이 마티에르matière가 도드라진(만지고 싶은 충동을 일으키는) 작품을 떡하니 거는 건 부담스럽다고 했다. 중요한 변수였다. 그 점도 고려해 액자 없이 마티에르 뽐뽐한 그림을 제외하니 걸 수 있는 그림이 몇 점 남지 않았다. 여러 그림을 들었다 놨다 하며 한참을 고민했다.

소장품의 한계가 있어 결국 원화 외에 에디션(판화)도 제작하게 되었다. 인스타그래머블한 색감도 필요할 것 같아 급하게 호주의 한승무 작가에게 도움을 청해 공간에 생기를 더해줄 아티스트프린트AP를 부탁했다. 한승무 작가의 〈Nolo & Pouf〉 시리즈 네 점은 거실과 침실의 하얗고 넓은 벽에 두 점씩 나란히 배치했다. 몇 년 전 한 경매에서 구했던 데이비드 호크니David Hockney의 1983년도 도쿄 전시의 빈티지 포스터는 1층 현관문을 열고 저 멀리 벽의 전면에 걸었다. 서울옥션에서 구매했던 에든버러의 창밖 풍경을 담은 정경자의 사진은 이미 원목 액자로 제작된 것이라 손을 더할 게 하나도 없었다. 다만 작품이 걸리는 위치에 빛이 많이 쏟아져 들어오는 것 같아 친구와 의논 끝에 블라인드로 적당히 빛을 차단했다. 프랑스 일러스트레이터 레아 모프티Léa Maupetit의 〈검은 고양이〉는 동네의 길고양이 집 사이기도 한 S에게 딱 맞춤이었다. 그렇게 해서 시크한 검은 고양이 한 마리도 한옥 스테이 안에 자리 잡았다. 구사마 야요이의 〈노란 호박〉 오브제 굿즈는 매트한 블랙으로 액자를 만들어 노랑을 더 강조했고, 한옥 창가 커피를 마시는 공간에 걸었다.

공간의 구석구석에 스며들듯 그림이 걸렸다. 그럼에도 뭔가 한옥의 시그니처 오리지널 그림 한 점이 더해지면 좋을 것 같아, 고민하다 이고운 작가에게 부엉이 그림 한 점을 의뢰했다. 부엉이는 복을 부르는 존재로 대중적 사랑을 받고 있기도 하고, 한옥 스테이에 머무는 사람들의 밤을 지켜준다는 의미도 있었다. 친구의 말로는 경주는 일 년 내내 아름답지만 겹벚꽃이 흐드러지게 피는 4월이 가장 아름답다고 했다. 그러니 겹벚꽃이 피는 4월을 배경으로 하고, 그림이 걸릴 한옥의 포인트 컬러인 노란 색감도 들어가면 좋겠다는 의도를 전했다. 이고운 작가는 틈틈이 밤의 시간을 쪼개 그림을 그렸다. 그리고 고맙게도 벚꽃이 한창일 때, 막 물감이 마른 그림을 보내주었다. 몽글몽글 벚꽃이 가득한 나무에 앉은 부엉이는 볼에 분홍빛 홍조도 띠고 있었다. 따듯한 그림이 따듯하게 공간을 완성했다. 그림이 있는 '시나브로 경주' 즉, '하우스갤러리 경주'가 '하우스갤러리2303'보다 더 근사하게 변모한 것 같아 뿌듯했다. 이 일을 하는 동안 궁극적으로 내가 하고 싶은 일이 그림과 사람, 나아가서 공간을 연결 짓는 일이라는 것을 깨달았다.

새 운동화

나는 새로운 일을 앞두곤 으레 운동화를 산다. 새 신발이 나를 좋은 곳으로 데려다줄 것이라는 믿음 때문이 아니다. 내가 걸어야 할 길에 대한 전의를 다지는 의미에 가깝다. 하지만 처음부터 운동화를 샀던 것은 아니다.

대학 졸업을 앞두고 나의 미래는 막막하기 그지없었다. IMF 여파로 모두가 취업난을 겪던 시절이었다. 공부를 더 하고 싶었지만 집안 형편을 생각하면 대학원을 엄두조차 낼 수 없었다. 평범한 공무원 월급으로 연년생인 세 남매의 뒷바라지를 하느라 부모님의 숨은 턱 끝까지 차 있었다. 언니는 의대 본과 4학년이었고, 남

동생은 공대를 다니고 있었다. 루이스 부르주아Louise Bourgeois의 거대한 거미 조각인 〈마망Maman〉을 보면 나는 우리 부모님이 떠오른다. 새끼를 거두느라 자신의 속은 텅 비어 있는 거미, 거대한 그늘을 드리우고 있지만 실상은 툭 건드리면 와사삭 쓰러져도 이상하지 않을 거미. 나는 〈마망〉의 자식이었다. 그렇기에 나는 내 선택에 최선을 다해야만 했다. 대학 때의 온갖 아르바이트 경험담은 책 한 권 각이지만 '젊어 고생은 사서도 한다'는 생각으로 매 순간 긍정적으로 온 힘을 다해 살았다. 이 모든 경험이 나를 만드는 것이다. 어제의 나의 모든 발걸음이 지금의 내가 있는 자리로 이끌어줄 것이므로. 하지만 졸업을 앞두고선 나도 별수 없이, 커다란 두려움 속에 서 있었다. 아르바이트가 아닌 '내 일'을 찾을 수 있을까? '나 스스로 나를 먹여 살릴 수 있는 일'을, 그리고 '내가 하고 싶은 일'을?

그러던 어느 날, 앞날이 걱정이라 잠도 잘 오지 않던 4학년 12월, 전공 교수님의 전화를 받았다.

"자네, 졸업하고 무슨 계획이 있나? 인사동에 새로 생긴 화랑에서 사람을 찾고 있다고 하는데 혹시 관심이 있나?"

눈이 번쩍 뜨였다. '색채학'과 '조형 분석론', '의미분석과 해석학 특론'을 머리 쥐어뜯으며 수강한 나를, 역시 교수님이 기억해 주셨구나, 하고 감격했다.

"네! 교수님! 열심히 일해보겠습니다!"

일단 일을 할 곳이 생겼다는 안도감에 눈물마저 찔끔 났다. 그런데 나중에 알고 보니 그 행운은 엉뚱한 이유에서였다. 교수님은 졸업할 학번의 1번부터 전화를 돌리셨던 것이다. 강씨 성을 가진 나는 출석부의 맨 윗줄인 1번이었다. (미안하다, 동기들아.) 열심히 일해서 2년 정도 돈을 벌면 대학원 학비는 벌 수 있을 테니 그때 다시 대학원에 가야지 생각했다. 순진한 믿음이었다. 타지에서 젊은이가 버는 돈은 생존하는 데 다 사라진다는 걸 몰랐을 때다.

출근 준비를 하면서 나는 구두를 샀다. 화랑이니까 왠

지 구두를 신어야 할 것만 같았다. 큐레이터나 갤러리스트에 대한 환상을 나도 가지고 있었던 것이다. 어떤 경우에도 우아하고 멋지고 힙해 보여야 할 것 같은 그런 모습. 그러나 얼마 지나지 않아 내가 신어야 할 신발은 구두가 아니라 운동화라는 걸 알게 되었다. 크지 않은 조직에서 일당백을 해내야 할 내가 우아하게 돋보일 일보다는 걱실걱실 어떤 일도 마다하지 않고 해내야 하는 캐릭터에 가까웠다. 컴퓨터 앞에 앉아 있다가도 작품을 들고 이리저리 뛰어다니고 사다리에 올라 핀 조명도 맞춰야 했다. 전시 오프닝 시간을 제외하곤 내 신발은 운동화가 되었다.

상업 화랑에서 배우고 싶은 것보단 배우고 싶지 않은 점들이 눈에 보이기 시작할 즈음, 다음 일터로 옮기게 되었다. KBS 미술 다큐멘터리 〈디지털미술관〉 제작 스태프로 합류했고, 대학원 5년 치 정도의 경험을 1년으로 집약한 듯 나는 울고 좌절하고 감탄하고 감사해하며 일했다. 주 6.5일은 방송국에 살아야 했고 그 시기 내 신발은 두말할 것도 없이 운동화로 통일되었다. 배울 것이 너무 많은 곳이었지만 그곳에서 버티기엔 무엇보다 내가 나풀나풀 종이 체력이었다.

'그래, 나는 나인투식스 nine to six의 삶을 살겠어.'

세 번째 직장으로 문예진흥원(현 한국문화예술위원회)에 입사지원서를 넣었다. 훗날 회사 선배에게 내 입사지원서를 검토했다는 이야기를 들었다. 선배는 첫 직장인 화랑에서의 경험을, "스카프 휘날리며 또각또각 구두 소리를 내는 일이 아니라 운동화를 신고 먼지 나게 뛰어다녔다."라는 구절을 보고 동료가 되어도 좋겠다고 생각했다고 한다. 나는 회사 출근 준비로 구두와 운동화를 하나씩 샀다. 구두를 신을 일도 있겠지만 대개는 운동화를 신고 뛸 각오였기 때문이다. 기대한 것처럼 '나인투식스'의 삶은 아니었지만 그곳에서 여러 운동화와 구두를 바꿔 신으며 마흔이 가까워질 때까지 일했다.

그렇게 나에겐 운동화를 사는 일이 어떤 상징적인 의미가 되었다. 새로운 일을 시작할 때 각오를 다지는 의미, 마음속으로 기합 소리를 내지르는 일 같은 것 말이다.

그리고 14년간의 젊음을 불사른 회사를 떠나 백수의 삶을 택할 때도 나는 백조가 된 기념으로 운동화를 샀다. 백화점에 가서 가격표를 보지 않고, 갈고닦은 미학적 관점에 따라, 오로지 내 마음에 들어오는 가장 아름다운 운동화를 골랐다. 신상 오니츠카타이거, 그동안 내가 샀던 운동화 중 가장 고가였다. 나는 이제 아침마다 가야 할 곳이 어디인지 정해지지 않은 삶을 살아야 한다. 그러니 더 좋은 운동화를 신고 싶었다. 실재 하지 않을 가늠할 수 없는 내일을 마주할 나에게 나는 어떻게든 용기를 주고 싶었다. 그 운동화를 신고 아이 손을 잡고 등교했고, 하갤 전시를 구상하며 액자 가게를 오갈 즈음엔 그 운동화는 낡아질 대로 낡아져 있었다.

최근 새로운 운동화를 하나 샀다. 2001년의 내가 2003년쯤엔 갈 수 있을 것으로 생각했던 대학원 입학을, 20년이 훨씬 지나 실행하게 되었기 때문이다. 나만의 독자적인 방식으로 하우스갤러리를 운영하다 보니 한 번씩 좌초에 걸려 표류하는 느낌이 든다. 나 혼자 하는 일이라 독립적이고 자유롭지만, 또 한편 매우 외로운 일이기도 하다. 고민을 거듭하다 예술경영 MBA를 시작하게 되었다. 사실 나는 이미 필요한 만큼 충분히 공부한 것 같기도 하다. 사회생활을 하며, 혹은 사회라는 울타리 밖 들판에서 비바람을 맞으며 충분한 공부를 했다는 생각도 들지만, 그럼에도 나는 어찌 된 것인지 다시 이십 대의 마음으로 새 운동화를 들고 서 있다. 다시 운동화 끈을 고쳐 맬 가슴 두근거리는 순간이 왔다. 아직도 구두가 아닌, 운동화를 사고 있는 내 모습에 웃음이 나온다.

↑ 임효영 기획전 《밤의 숲에서》 2020. 7. 24. ~ 10. 23.

→ 정경자 사진전 《FOUND 2020 - 아무것도 아닌 것들이 건네는 이야기》
2020. 12. 11. ~ 2021. 3. 26.

서재정 개인전 《숨겨진 층》 2021. 12. 27. ~ 2022. 2. 11.

← 임효영, 한승무 2인전 《여기서부터 여름》 2022. 5. 25. ~ 7. 29.
↑ 이고운 개인전 《서걱이며 걷는 밤》 2022. 9. 19. ~ 11. 11.

고산금, 김정아, 김아라, 윤강미, 정경자 그룹전
《삶으로 들어간 예술》 2023. 12. 4. ~ 2024. 1. 19.

김정아 연재 전시 《보푸라기 part. 1 - HOME》 2023. 2. 6. ~ 4. 14.

정화백 개인전 《사랑보단 느린 날》 2023. 8. 28.~9. 22.

↘ 구사마 야요이, 〈과일 바구니 2〉 저자의 컬렉션

← 맹욱재, 이고운 2인전《그 숲에서 부는 바람》2024. 9. 2. ~ 10. 18.

나가며

예술로 들어간 삶

2013년 겨울, 남산에 있는 탈북청소년 대안학교인 '여명학교'에 간 적이 있었다. 그러다 학교 복도에서 이젤 위에 놓인 그림 한 점을 보게 되었다. 하늘과 강과 산이 있는 언뜻 평범한 풍경화였지만 마치 유토피아처럼 따스하고 다정함이 느껴졌다. 맑은 수채화 속에선 두 소녀가 강가에서 즐거운 한때를 보내고 있었다. 왠지 그림에 홀려 좀처럼 눈을 떼지 못하고 있었더니 선생님이 설명을 덧붙였다. 여명학교의 한 학생이 그린 그림인데 그 학생의 고향인 두만강의 풍경이라고 했다.

"두만강 풍경이라구요? 뉴스 이미지로만 봐서 그런지

제가 생각한 두만강은 회색이고 삭막하기 그지없는 곳이었는데 이 그림 속 두만강은 '나의 살던 고향은' 노래가 흘러나올 것만 같네요."

"삭막한 풍경이 현실이에요. 실제론 우리나라 최북단인 두만강에 저런 울창한 나무숲은 없다고 해요. 그저 고향이 이런 곳이면 좋겠다는 소망을 담은 그림이지요. 그림 속에 있는 어린 동생은 북에 남아 있어요."

그 이야기를 듣는 순간 나도 모르게 탄식했다. 고향에 어린 동생을 두고 혼자 탈북한 이 친구는 회색 강가에 꽃과 풀을 그려 넣고 어제처럼 동생과 함께 있는 모습을 담으며 얼마나 울었을까. 그림 속 분홍색과 연두색, 하늘색은 눈물로 녹여낸 색이었구나. 기도가 그림이 되었구나. 그 그림은 지금까지 내가 본 그림 중 가장 크게 마음을 움직인 그림이었다. 고흐도 로스코도 김환기도 아닌, 이름도 모르는 한 소녀의 그림이 여전히 내 마음속 가장 깊이 남아 있다.

그림이 무슨 힘이 있는가? 예술은 무엇을 할 수 있는

가? 예술의 본질은 무엇인가? 이런 생각이 들 때마다 나는 그 그림을 떠올리곤 한다. 쉽지 않지만 답을 찾기 위해 노력했다. 알 것 같으면서도 쉬이 알 수 없는 일이라 덕분에 평생 지속해 온 화두가 되었다. 그 과정에서, 지금 여기서, 내가 할 수 있는 유일한 방식과 쓸 수 있는 한정된 에너지로 '하우스갤러리2303'을 만들었다. 내게 주어진 삶과 내가 추구하는 예술 사이에서 아슬하게 줄타기를 하며, 누구와도 경쟁하지 않고, 분에 넘치는 작가들을 든든한 동료로 등에 업고.

누군가에게 미술은 감탄하며 우러러보는 뮤지엄 글라스 속 오브제일 수도 있고, 또 다른 누군가에게는 이생에서 나와는 절대 상관없고 욕망할 수도 없을 만큼 값비싼 명품일 수도 있다. 과거의 나는 전자에 가까웠고 때로는 후자가 되기도 했다. 그러다 그림이 나의 집에 오고 나서야, 나와 눈 마주치는 곳에서 가까이서 나를 위로하고 말을 건네는 진정한 그림의 힘을 경험하게 되었다. 그림의 종착지는 집, 결국 우리의 삶 한가운데가 되어야 한다. 삶이 예술로 들어가고, 예술이 삶으로 들어올 때 진정한 예술의 가치가 발현된다. 예술은 인간을 인간답게 만들어주는 가장 아름다운 존재이며, 타인을 이해하고 나를 사랑하는 힘을 준다. 그러나 한편 예술은 물처럼 투명하고 유연해서 사람들에게 가닿는 의미가 모두 다르기 때문에 섣불리 확언의 마침표를 찍을 수 없다는 것도 알게 되었다. 하나의 그림을 놓고서도 사람들은 각자의 관점으로 그림을 보고 자기 이야기를 투영해 그림의 의미를 완성한다.

그림이 집으로 오고, 또 집으로 가는 특별한 여정의 이야기들을 전시와 책으로 엮으며 쓴 모든 글의 첫 번째 독자는 늘 아이였다. 만연한 미술계의 라틴어 대신, '아이가 내 글을 이해했는가'가 항상 나의 기준이자 원칙이었다. 내가 하고 싶은 이야기들이 내가 사랑하는 이들에게 가장 먼저 가닿기를 바랐기 때문이다.

"엄마, 뭔가 엄청 근사하고 멋있는 글 같은데 무슨 말인지는 하나도 모르겠어요."

"재미있게 읽었어요, 이 부분이 감동스러웠어요."

아이의 말에 따라 다시 글을 다듬으면서 마침내 마무리를 할 수 있었다. 아이는 귀찮게 생각하지 않고 읽어주려 애를 썼고, 엄마를 응원해 주었다. 지금껏 내가 이룩한 일이라고는 기껏 나비 날개를 펴는 정도의 일이었지만 남편은 온전히 그 날개를 펼칠 수 있도록 울타리가 되어주었다. 보이지 않는 하갤의 주인이었던 가족들(이원주, 이현준)의 온전한 존중과 지지로 하우스갤러리를 지속해 올 수 있었음에 감사한다.

임효영, 한승무, 정경자, 서재정, 이고운, 김정아, 정화백, 윤강미, 김아라, 맹욱재, 이예림 등 여러 작가님들과 하갤의 아이덴티티를 만들어준 이지은, 박소현 선배님께 감사드린다. 그림의 종착지는 집이라는 나의 이야기에 귀 기울여 책으로 만들어준 출판사 구름의시간 김원자 대표님께도 감사드린다.

그림 설명
표지: 임효영, 〈너와 함께 걸을게 Walking with You〉, 42×29.7cm, 종이에 연필, 2019
1부: 임효영, 〈Weird Beard〉, 40.5×57cm 2pieces, 종이에 연필, 2018
2부: 이고운, 〈꿈 속의 정원 I〉, 100×100cm, 캔버스에 아크릴, 2015
3부: 한승무, 〈My Mistake 5〉, 12×18×4cm, 캔버스에 아크릴, 2022

나와 잘 지내는 시간 06
그림의 종착지는 집입니다

1판 1쇄 인쇄	2025년 5월 19일
1판 1쇄 발행	2025년 5월 30일

지은이	강언덕
펴낸이	김원자
펴낸곳	구름의시간

편집	김원자
교정·교열	정혜인
디자인	류지혜
인쇄·제책	(주)성신미디어

등록	2021년 11월 11일

모바일팩스	050-8952-7472
이메일	cloudtime2022@naver.com

이 책의 일부 또는 전부를 재사용하려면 반드시 저작권자와
구름의시간 양측의 동의를 얻어야 합니다.
책값은 뒤표지에 있습니다.

ISBN 　　　979-11-979287-8-9　03810